KB096032

周易

● 괘효 생명의 율동과 주기 ⋯⋯⋯⋯

◥주역과 만나다◣

☞ 증산도상생문화총서 031

周易과 만나다5 -괘효, 생명의 율동과 주기-

초판발행 : 2016년 9월 5일
글쓴이 : 양재학
펴낸이 : 안경전
펴낸곳 : 상생출판
주소 : 대전광역시 중구 선화서로 29번길 36(선화동)
전화 : 070 -8644 -3156
팩스 : 0303 -0799 -1735
E -mail : sangsaengbooks@sangsaengbooks.co.kr
출판등록 : 2005년 3월 11일(제175호)
ⓒ 2016 상생출판

ISBN 979-11-86122-31-0
ISBN 978 -89 -957399 -1 -4(세트)

周易

⑤ 괘효, 생명의 율동과 주기

주역과 만나다

양재학 지음

상생출판

프롤로그

인류는 힘든 시기마다 고비를 넘길 수 있는 지혜를 고전에서 배워 왔다. 고전은 심신이 고달픈 자에게 영혼을 맑게 하거나 힘을 불어넣는 옹달샘과 같다. 고전이 고전일 수 있는 까닭은 문명과 역사의 길잡이 역할을 수행했기 때문이다. 읽기 쉬운 고전이 어디 있으랴마는『주역周易』은 가장 난해한 책 중의 하나로 손꼽힌다.

『주역』은 사서삼경四書三經 가운데 가장 으뜸가는 책이다. 우리나라의 성인 중에서『주역』을 모르는 사람은 거의 없다. 하지만『주역』을 제대로 아는 사람은 아주 드물다. 게다가 이 땅에서 출현한『정역正易』은 전문가들에게조차도 귀에 익지 않은 생소한 고전으로 분류되고 있다.『주역』이 과거로부터 동양인들의 세계관을 비롯하여 인생관, 가치관을 정립하는 소중한 고전이었다면,『정역』은 19세기 후반 한국 땅에 혜성같이 등장하여『주역』을 뛰어넘어 새로운 우주관을 제시한 현대판 고전이라 할 수 있다. 말하자면『정역』은 선후천론先後天論을 바탕으로『주역』에 숨겨진 메시지를 새 시대에 부응하는 논리에 입각하여 새롭게 해석한 희망의 철학이다.

과거부터 동양에서는 '아버지는 나를 낳으시고 어머니는 나를 기

르신다[父生母育]'는 말을 소중한 가르침으로 받들어 왔다. 인간과 만물의 부모인 하늘과 땅, 즉 천지부모天地父母를 중심으로 인간의 문제를 진단하고 해결점을 찾고자 했던 것이다. 이러한 가치관이 고스란히 투영된『주역』은 하늘을 건乾[天], 땅은 곤坤[地]이라고 하여 하늘은 생명을 낳고 땅은 생명을 길러내며, 또한 하늘과 땅의 자녀이자 대행자로 해[日]와 달[月]을 제시하였다. 말하자면 천지는 부모이며, 일월은 천지의 뜻을 대신하여 완수하는 존재로 파악한 것이다.

특히 증산도사상의 주역관은 종래의 관점으로는 이해하기 힘든 파격적인 성격을 지닌다. 기존의『주역』에 대한 해석이 윤리도덕의 근거는 어디에 있는가를 중심으로 연구해 온 것에 그쳤다면, 증산도의 주역관은 기존의 관념을 뛰어넘어 앞으로 천지개벽이 이루어지는 과정과 원리를 밝힌 것이『주역』이 씌여진 궁극목적으로 본다. "주역은 개벽할 때 쓸 글이니 주역을 보면 내 일을 알리라."(『도전』5:248:6) "천지개벽도 음양이 4시로 순환하는 이치를 따라 이루어지는 것이니 천지의 모든 이치가 역易에 들어 있느니라."(『도전』2:20:4:5) 등의 말을 살펴보면,『주역』은 천지개벽이 일어나는 원인을 설명한 책이라는 것이다.

『주역』은 이러한 천지일월의 위대한 공능을 현실에 구현할 수 있는 존재는 오직 인간이라는 사실을 밝히고, 인간 본성에 근거하여 삶과 문명의 진화에 대한 당위성을 제공함으로써 불멸의 고전으로 자리잡을 수 있었던 것이다.

이 책은 증산도상생문화연구소의 '동서양 고전읽기' 세미나에서 발표되었던 원고를 새롭게 편집하여 수정 보완한 것이다. 연구소에서 진행된 '고전읽기'는 새로운 관점에서 주역을 읽는다는 목적에서 진행되었다. 이 책에서는 변화의 원리를 설명하는 다양한 방법 중에서 서로 대립하면서도 상호 의존하는 두 괘를 엮는 방식으로 여덟 개를 선택하여 『주역』의 합리성을 들여다보려고 시도하였다.

먼저 생명의 탄생은 하늘이 내린 고통이자 축복이라고 밝힌 수뢰둔괘水雷屯卦(䷂), 둔괘를 180° 뒤집어엎으면 산수몽괘山水蒙卦(䷃)가 된다. 생명 탄생을 언급한 둔괘 뒤의 몽괘에서는 스승과 제자 사이의 관계를 통해 인간은 무엇을 어떻게 배워야하는가 하는 교육의 중요성을 일깨우고 있다. 땅의 축복은 하늘의 섭리를 통해 이룩된다는 것을 밝힌 지택임괘地澤臨卦(䷒) 다음에 깨달음의 극치는 종교에서 말하는 믿음이라고 강조하는 풍지관괘風地觀卦(䷓)가 위치하였다. 가정윤리를 넘어 도덕의 세상을 꿈꾸는 풍화가인괘風火家人卦(䷤)와 끝없는 대립의 혼돈 상황이 다가오기 때문에 심사숙고하는 처신으로 삶을 살아가라는 가르침을 얘기한 화택규괘火澤睽卦(䷥)가 있다. 만물의 으뜸을 상징하는 우레를 통해 자연의 인간화와 인간의 자연화에 대한 통합을 외친 중뇌진괘重雷震卦(䷲)와 그침과 움직임의 미학을 언급하면서 유교에서 말하는 시중時中의 정신을 밝힌 중산간괘重山艮卦(䷳)가 온다. 우리는 이러한 배치를 통해『주역』의 논리학적 성격을 엿볼 수 있다.

천지와 인간과 역사와 문명의 문제를 언급한 64괘 가운데 어느 것 하나 중요하지 않은 것이 없지만, 이 여덟 괘를 바탕으로『주역』의 메시지를 새롭게 읽어낼 수 있다고 판단하였다. 아무쪼록 이 책을 통해 어렵게만 여겨졌던『주역』을 이해하는 작은 디딤돌이 되기를 기대한다.

2016. 8. 양재학

차례

水雷屯卦

생명의 창조에서 하늘의 의지를 읽을 수 있다. 생명의 씨앗이 싹트면 아직 어리고 나약하여 위험에 노출되기 쉽다. 우주의 생명 창조에서 만물의 존재의미와 가치를 실현시키고자 하는 하늘의 본성을 알 수 있다. 둔괘는 자연세계의 분화에서부터 사회와 문명과 역사의 전개를 얘기한다.

Chapter 1

수뢰둔괘水雷屯卦
생명탄생의 어려움

1. 생명은 하늘이 내린 축복인 동시에 고통 : 둔괘

정이천程伊川(1033~1107)은 중지곤괘重地坤卦(䷁) 다음에 만물형성
의 첫 번째 단계인 수뢰둔괘(䷂)가 오는 이유를 다음과 같이 말한다.

둔 서 괘 왈 유 천 지 연 후 만 물 생 언
屯은 序卦曰有天地然後에 萬物生焉하니

영 천 지 간 자 유 만 물
盈天地間者惟萬物이라

고 수 지 이 둔 둔 자 영 야
故受之以屯하니 屯者는 盈也요

둔 자 물 지 시 생 야
屯者는 物之始生也라 하니라

만 물 시 생 울 결 미 통
萬物始生하여 鬱結未通이라

고　위영색어천지지간
故로爲盈塞於天地之間하니

지통창무성　　즉색의망의
至通暢茂盛이면則塞意亡矣라

천지생만물　　둔　물지시생
天地生萬物하니屯은物之始生이라

고　계건곤지후
故로繼乾坤之後라

이이상언지　　운뢰지흥　　음양시교야
以二象言之하면雲雷之興은陰陽始交也요

이이체언지　　진시교어하　　감시교어중
以二體言之하면震始交於下하고坎始交於中하니

음양상교　　내성운뢰　　음양시교
陰陽相交라야乃成雲雷하니陰陽始交하여

운뢰상응이미성택
雲雷相應而未成澤이라

고　위둔　　약이성택즉위해야
故로爲屯이니若已成澤則爲解也라

우동어험중　　역둔지의
又動於險中하니亦屯之義라

음양불교즉위비　　시교이미창즉위둔
陰陽不交則爲否요始交而未暢則爲屯이니

재시즉천하둔난미형태지시야
在時則天下屯難未亨泰之時也라

둔괘는 「서괘전」에 '천지가 있은 연후에 만물이 생겨나니, 천지 사이에 가득 찬 것은 오직 만물이다. 이런 까닭에 둔괘로 이어받으니, 둔이란 가득 참이요 둔은 만물이 처음으로 나온 것이다'라고 했다. 만물이 처음 생겨나 꽉 막혀 통하지 못하기 때문에 천지 사이에 온통 막혀버렸으니, 통창하고 무성함에 이르면 막힘의 뜻이 없어진다. 천지가 만물을 낳으니 둔은 사물이 최초로 생겨난 것이다. 그러므로 건곤괘의 뒤를 이은 것이다. 두 형상으로 말하면 구름과 우레가 일어남은 음과 양이 처음으로 사귐이다. 두 실체로 말하면 진이 처음 아래에서 사귀고 감이 처음 가운데서 사귀었으니, 음양이 서로 사귀어야 구름과 우레를 이룬다. 음과 양이 처음 사귀어 구름과 우레가 서로 감응했으나 연못(비)을 이루지 못했기 때문에 둔이 된 것이다. 만약 이미 연못을 이루었으면 해괘가 된다. 또한 험난한 가운데 움직이니 역시 둔의 뜻이다. 음과 양이 사귀지 않으면 비괘가 되고, 처음에는 사귀지만 통창하지 못하면 둔괘가 된다. 시간에 있어서 천하가 험난과 고난에 허덕여 형통하지 못하는 때이다.

「서괘전」은 서양의 창조론과 뚜렷한 차이를 보이는 동양의 창세론을 소개한다. 전자는 조물주가 아무 것도 없는 텅 빈 상태인 없음[無]에서 있음[有]을 만들어냈다는 유일신관에서 비롯된 창조설이다. 후자는 어떤 특정한 신이 우주를 창조했다는 것이 아니라, 시간과 공간의 터전인 천지는 스스로의 원칙에 의해 존재하면서 만물을 빚어낸다는 생성론적 창세론이다.

우주는 언제 어떤 과정을 거치면서, 왜 시작되었을까? 우주의 크기는 얼마이며, 어떻게 생겼는가, 우주는 무엇으로 만들어졌을까라는 호기심 어린 물음은 인류역사 이래로 줄곧 제기되어 왔다. 이는 광활한 우주를 연구하는 학자들의 골칫거리였다. 현대 우주론의 스타트는 빅뱅우주론이 끊었다. 이론가들은 빅뱅이 일어난 후 태초의 3분 동안에 일어난 핵 반응의 과정에 기초해 우주의 화합물을 설명하곤 한다.

빅뱅으로 탄생해 팽창하고 냉각되어 물리적 퇴화의 길을 걸어 어떤 마지막 상태로 진행하거나, 또는 대재앙으로 붕괴한다는 우주의 기초적인 시나리오는 과학적으로 꽤 잘 정립되어 있다. 우주는 순간적으로 만들어졌다는 것이 현대우주론의 결론이다. 어느 한 순간에 창생된 우주는 어렵게 만들어져 서서히 지금의 우주로 진화되었다는 것이다.

"빅뱅 이후의 첫 1초간이 우주적 분기점의 역할을 했다. 그 시간 이후에 우주의 온도는 지구의 물리학이 적용되고 실험을 통해 확인할 수 있을 만큼 충분히 내려갔다. 처음 1초 동안 일어난 우주적 과정들, 즉 기본입자들 및 물리적 과정들을 완벽하게 재생할 수 없기 때문에 우주의 역사를 재구성하기는 힘들다. 처음 1초는 초기 우주의 상황에 의해 우주 내의 헬륨의 양이 결정되는 시기였다. 우주 내의 헬륨의 양은 당시의 우주팽창 방식을 알 수 있는 직접적 단서이기도 하다. 그러나 이것은 우주가 탄생한 지 1초 지난 뒤에 일어난 모든 사건을 이해하게 되었다는 의미는 아니다."[1]

하늘과 땅이 처음으로 껍데기를 벗고서 만물이 생겨나기 시작한 태초에는 어려움을 겪는다. 아직은 모든 것이 영글지 않았기 때문에 '어렵게[屯]' '머무는[屯]' 형상이다. 괘의 구조로 본다면 위(☵)는 어렵고 위험을 뜻하는 물[水]이 있고, 아래(☳)는 우주가 생성되자마자 우렁차게 소리치는 우레가 있다. 이를 합하여 수뢰둔괘水雷屯卦라 부른다. 우레가 물 속에 잠긴 모양으로서 험난한 조짐이 앞을 가로막고 있어 움직이기 어려운 양상을 뜻한다. 하지만 물밑에서는 새로움을 창조하는 힘이 태동하고 있다. 꽁꽁 언 땅바닥 속에서 나무들의 뿌리가 내

---

1 존 배로/최승언·이은아, 『우주의 기원』(서울: 두산동아, 1997), 72-73쪽. 참조.

리기 시작하여 봄을 기약하는 모양이다.

애당초 세상의 모든 것은 쉽게 이루어지지 않는다. 그것은 역사가 증명한다. 창업자는 백절불굴의 정신으로 나라를 세워 다음 계승자에게 자리를 넘겨준다. 그 계승자는 창업자의 숭고한 뜻을 이어받아 국가를 안정된 반석에 올려놓아 꽃피운다. 조선의 창업은 이성계와 그 아들 이방원이 피비린내 나는 격변을 겪고서 일궈낸 산물이다. 세종과 성종은 선대왕들의 고난과 역경을 바탕으로 조선왕조의 기틀을 완비했다. 자연과 사회와 문명도 이런 범주에서 벗어나지 않는다.

우리 주위의 자연물에는 무턱대고 이름 지어진 것은 없다. 흔히 한반도의 산꼭대기에는 천왕봉天王峯과 비로봉毘盧峯이 있어 이 땅이 부처님의 자비가 서린 불국토가 되기를 염원한 조상들의 꿈이 담겨 있다. 대전 부근에 대둔산大芚山이 있다. 대둔산은 생명 탄생에는 반드시 큰 고통이 뒤따른다는 뜻이 있다. 대둔산은 온통 바위로 이루어진 산이다. 바위는 듬직하다. 듬직하기 때문에 다른 산에 비해 화려하지 않다. 속설에 의하면 바위산은 수도하기 좋은 터라고 한다. 용솟음치는 하늘기운과 땅기운이 대둔산에 뭉뚱그려 있는 까닭에 정신과 육체단련에 더 없이 좋은 천혜의 산인 셈이다.

김일부의 2세대 제자로서 정역사상 연구의 확고한 기반을 다져놓은 사람은 이정호李正浩(1912~2004)다. "그는 정역正易을 만든 김항金恒의 계승자로서 일생 『주역』을 공부한 사람이다. 이정호가 유영모선생을 자주 찾아와서 서로 알게 되었는데, 『주역정의周易正義』를 가만히 읽어보니 그도 기독교인이다. 그래서 그는 둔괘屯卦를 예수 그리스

도라고 했다. 둔자屯字의 글자 모양이 땅 속에서 싹이 나오는데 너무 힘들어 뿌리가 구부러진 모양이다. 그래서 죽음과 생명을 나타낸다. 죽음과 생명을 표시하는 인간으로 태어난 분이 바로 예수 그리스도이다."[2]

평생 정역꾼 노릇을 자랑삼은 이정호는 곧잘 예수와 일부선생의 관계를 다음과 같이 말한 바 있다.

"정역에 의하면 坤策數 144는 15가 尊空된 四象分體度라 하여 兌가 맡고, 乾策數 216은 一元推衍數라 하여 艮이 그 用을 맡아 있다. 兌의 상은 羊이며 선천에는 少女이기 때문에 어린 羊이다. 艮의 상은 狗이며 후천에는 艮이 변하여 震이 되므로 용감하고 충직한 개이다. 聖書에 의하면 人子 예수는 하나님의 獨長子로서 어린 羊으로 비유되어 이스라엘의 12支派 144千을 건질 책임을 졌으나 불행히도 당시의 유대인에게 버린 바 되어 인생의 절반인 아까운 나이에 십자가의 한 점 피로 사라지고 3일만에 부활하여 하나님의 우편에 昇天하였다 한다. 그리고 그 제자들에게 聖靈을 보내어 다시 오기를 굳게 약속하였다 한다. 그 후 1,800년, 아시아의 艮方 아침의 나라 충청도 艮城(지금의 連山)땅에 (雷風)恒이라 일컫는 一夫가 丙戌年(1826)에 나서 戊戌年(1898)에 세상을 떠났으니, 그는 이상하게도 生卒年이 다같이 개(戌)해이고, 또 개(戌)를 나타내는 艮國인 우리나라에, 그것도 連山으로 표시되는 艮城에 태어났으며, 일생의 후반을 正易(艮易)의 제작과 그 선포에 전념하였다. 그가 精義入神하여 鼓舞盡神하노라 歌舞에 열중하면 주

2 김홍호,『周易講解 1』(서울: 사색, 2003), 101-102쪽. 한편 재차 확인할 사항이지만, 그는 중년기에 잠시 통일교운동에 참여했다고 전해진다. 그의 책 곳곳에 종교를 긍정적으로 연관지어 서술한 것은 아마도 젊어서부터 몸에 밴 것으로 추정된다.

위 사람들이 그를 가리켜 '개짖는 소리'를 한다고 하였으니, 그것은 마치 일찍이 孔子가 조국인 노나라를 떠나 주류천하할 때에 鄭人이 그를 가리켜 '집잃은 개'와 같다고 한 것과 흡사하다. 이상하게도 공자의 생졸년도 또한 戌年(庚戌-壬戌)이라 하니 또한 '개'와 관계가 있다. 어쨌든 人子가 어린 羊으로서 坤의 策數에 해당하는 數를 兌에 책임져 오늘날에 이르렀다면 그 뒤를 이어 一夫가 乾의 策數 216에 해당하는 數를 艮에서 맡아 前後 乾坤의 策數를 합하여 360 正易을 이루었으니, 이는 참으로 우리에게 깊은 뜻을 전해주는 것이라 하겠다. 무릇 乾策이 坤策 없이 360을 이루지 못하듯이 坤策 또한 乾策 없이 360을 이루지 못함은 다시 말할 것도 없다. 그러므로 人子가 坤策數에 해당하는 144千의 책임을 다하였다 하더라도 360 乾坤數를 완성하려면 누군가가 나머지 乾策數에 해당하는 '216'을 맡아야할 것은 분명한 사실이다. 이 數 즉 一元推衍數를 가지고 하나님의 영광으로 오신 분이 바로 일부선생이니 이 점을 또한 믿지 아니할 수 없다."[3]

둔괘의 상괘는 서광이 비치기 이전의 모습, 검은 구름이 짙게 깔려 금방 비를 내리려는 찰나의 움직임을 나타낸다. 하괘는 위에서 내리는 굵은 빗줄기를 뚫고 만물이 어렵게 출생하는 신고식을 치르고 있는 조짐을 표상하고 있다. 탄생의 고통은 축복으로 이어진다. 어린아이의 울음은 생명탄생의 축하를 알리는 팡파레다. 결국 둔괘는 초목이 싹이 나고 생기가 충만한 내용으로 가득 차 있다.

하지만 초목은 이제 막 싹이 트기 시작했을 뿐 아직은 튼튼하게 자리잡지는 못했다. 그래서 "둔은 크게 형통할 것이다. 곧고 바르게 행동

3 이정호, 『正易과 一夫』(서울: 아세아문화사, 1985), 399-400쪽.

해야 이롭다"고 전제하는 한편에, "갈 곳이 있어도 가지 말아야 한다
[屯, 元亨, 利貞, 勿用有攸往]"고 경종을 울리고 있다. '제후를 세워야
이롭다[利建侯]'고 한 것은 특히 인생과 역사의 앞날은 쉽게 내다볼
수 없는 까닭에 끊임없이 준비하고 성실하게 노력하면 지도자의 자격
을 갖출 수 있다는 것이다.

2. 둔괘 : 존재의 세계에서 당위의 세계로

★ 屯은 元亨코 利貞하니 勿用有攸往이요 利建侯하니라

> 둔은 크게 형통하고 (곧고) 올바르게 행동해야 이롭다. 갈 곳이 있
> 어도 가지 말아야 하고, 제후를 세워야 이롭다.

이 구절은 문왕文王이 지은 괘사다. 하늘과 땅의 기운이 처음으로
결혼하여 생겨나는 만물은 부모격인 건곤乾坤의 원형이정元亨利貞의
정신을 그대로 이어받아 나오는 까닭에 둔괘에서 원형이정을 언급한
것이다.

생명이 최초로 탄생되는 축복의 시기이므로 크게 형통하지만
[元亨], 태어나고서부터는 스스로의 힘과 능력을 바탕으로 올바르게
살아야 하기 때문에 '곧고 바르게 행동해야 이롭다[利貞]'고 한 것이
다. 만물은 각기 태어난 순간부터 나름대로의 존재의미와 가치와 삶
의 방식이 있음을 가르치는 내용이다. 이는 동양철학의 영원한 화두
인 존재와 당위의 일치를 제시하고 있는 것이다.

만물의 부모격인 천지 즉 건곤은 음양의 순수 에너지다. 순수한 에

너지가 운동을 시작함으로써 비로소 음양의 균형과 불균형이 나타나기 시작한다. '둔屯'은 음과 양이 교합하여 처음으로 현실과 가치의 세계가 드러남을 시사한다. 그러니까 퇴계는 '원형元亨코 이정利貞하니'라고 토를 달았던 것이다. 이는 괘사에 대한 점서적 표현이 아닐 수 없다. 이는 존재의 세계에서 당위의 세계로 접어들었으며, 또한 사실의 세계와 가치의 세계가 동일차원으로 존재함을 밝히는 대목이기도 하다.

원래 원형이정은 건괘를 대표하는 네 가지 덕목이다. 원형이정은 시간적으로는 봄과 여름과 가을과 겨울을, 공간적으로는 동서남북을, 인간성으로는 인의예지를 가리킨다. 한마디로 원형이정은 시간과 공간과 인간을 통할하는 생명의 유전자 또는 에너지 생성의 패턴과 흐름을 뜻한다.

'제후를 세움이 이롭다[利建侯]'는 명제는 정치적 발언인 동시에 동양철학의 독특한 논리가 배어 있다. 우주론적으로 보아서 천지의 대행자는 일월이며, 일월의 대행자는 인간이라는 것이 동양인의 정서였다. 인간과 만물의 궁극적 본원이며, 생명의 근원인 하늘[天]의 아들이자 만 백성의 아버지이며 최고 통치자는 천자天子다. 천자는 그 통치권력의 정당성을 하늘에게서 보장받는다는 것이 바로 왕권신수설의 핵심이다. 더 나아가 어려운 창업의 시초에는 경륜이 많은 대리인이 나서 이끄는 것이 훨씬 이롭다는 것이다.

☞ 둔괘에는 건괘의 정신인 '원형이정'이 그대로 전입되었고, 발가벗은 자연 상태에서 정치와 윤리를 포함한 문명의 세계로 접었들었음[利建侯]을 얘기한다.

3. 단전 : 생명 창조에서 하늘의 의지를 알 수 있다

* ^{단 왈 둔} 象日屯은 ^{강 유 시 교 이 난 생} 剛柔始交而難生하며 ^{동 호 험 중} 動乎險中하니

^{대 형 정} 大亨貞은 ^{뇌 우 지 동} 雷雨之動이 ^{만 영} 滿盈일새라

^{천 조 초 매} 天造草昧에는 ^{의 건 후} 宜建侯요 ^{이 불 녕} 而不寧이니라

단전에 이르기를 둔은 강한 것과 부드러운 것이 처음으로 만나 어렵게 생겨나며 험난한 가운데 움직인다. '크게 형통하고 올바르게 함이 이롭다'는 것은 우레와 비의 움직임이 가득하기 때문이다. 하늘이 초매를 만드는 데는 마땅히 제후를 세워야 하고 평안하게 여기지 않는다.

「단전」은 '둔屯'에 대한 개념규정으로 시작한다. 둔이란 우주가 카오스로부터 비롯됨을 시사한다. 현대과학의 혁명을 이룬 분야가 바로 '카오스 이론'이다. 카오스의 발견은 복잡다단하기 이를 데 없는 현상을 일목요연하게 보여주는 창문 역할을 한다. 카오스는 '혼돈混沌'을 뜻한다. 혼돈은 무조건의 무질서를 의미하지 않는다. 어둡고 무질서의 상태에서 생명을 잉태하여 만물을 창조하려는 어떤 질서를 감지할 수 있는 경계를 가리킨다.

"'카오스chaos'는 본래 우주의 질서, 전체의 질서, 세계의 질서 등을 뜻하는 그리스어인 '코스모스cosmos'의 반대말로 등장하였다. 따라서 카오스는 혼돈, 무질서, 무한이라는 뜻을 품고 있다. 또 카오스는 그리스어 'khaos'에서 나왔는데, 이 말은 '크게 벌린 입'이라는 뜻이었다. 아마도 온갖 질서를 한 입에 삼켜서 갈피를 잡지

못하는 블랙홀과 같은 혼돈의 세계를 상징하기 위한 말이었다."[4]

우리는 뜻하지 않은 어떤 첫 경험을 '난생 처음'이라고 표현한다. 순수 양괘의 건乾과 순수 음괘의 곤坤이 결합하여 최초로 나타나는 땅의 기운이 바로 '강유剛柔'라는 실체이다. 강유의 다양한 형태의 결합에 따라 온갖 만물이 어렵게 탄생하는 것이다[動乎險中].

생명의 씨앗이 싹트면 아직 어리고 나약하여 위험에 노출되기 쉽다. '우레와 비의 움직임이 가득하기 때문에 크게 형통하고 올바르게 행동함이 이롭다'는 말은 건곤의 내면에 깊숙이 감추어진 생명창조의 의지에서 만물의 존재의미와 가치를 실현시키고자 하는 하늘의 본성을 읽을 수 있다는 뜻이다.

우레는 우주 최초의 동력이며, 물은 생명의 근원을 표상한다. 우레와 물이 서로 교호하여 천체가 형성된다. 점차 천체가 안정되면서 오늘날의 지구가 만들어졌다. 지구의 높은 부분은 산이 되고, 물은 높은 곳에서 낮은 곳으로 흐른다. 이를 형상화하여 '둔屯'이라 하는 것이다. 그러니까 『주역』은 자연세계의 분화를 언급하는 둔屯으로부터 시작하여, 사회와 역사세계의 시작을 언급하는 몽蒙으로 연결시킨다.

건乾과 곤坤이 결혼하여 음양이 강유剛柔라는 실체로 나타나 만물이 처음으로 생겨나는 양상을 묘사하였다. 우레(☳)와 비구름(☵)이 카오스의 요동처럼 '정중동靜中動'의 상태에서 움직이는 형국이다. 에너지가 가득 차 금방 무엇인가를 만들어내려는 의지를 엿볼 수 있는 대목이다.

---

4 김용운, 『카오스의 날갯짓』(서울: 김영사, 1999), 66쪽.

하늘이 만물을 최초로 생겨나게 할 때에는『천자문千字文』의 '천지현황天地玄黃'이라는 단어가 지적하듯이, 극심하게 어렵고 어두운 혼돈상태에서 빚어진다. 가정과 사회와 역사와 문명의 출발도 시련과 역경을 겪고 난 뒤에 탄탄대로의 길을 걷기 마련이다. 영국 속담에 "잔잔한 바다에서 훌륭한 뱃사공이 만들어지지 않는다"는 말이 있다. 어려움에 단련되면 될수록 모든 일은 잘 끌러낼 수 있다[大亨貞^{대형정}].

"하늘이 초매를 만드는 데는 마땅히 제후를 세워야 하고 평안하게 여기지는 않다[天造草昧^{천조초매}, 宜建侯^{의건후}, 而不寧^{이불녕}]"에 대한 번역은 매우 구구하다.『비지구해원본주역備旨具解原本周易』은 주자의 말을 빌려 다음과 같이 말한다.

"하늘이 창조하려고 할 때는 어지럽고 어두우므로 마땅히 侯^후를 세우고 편안히 여기지 못한다."[5]

草昧^{초매}는 그 빛깔이 검고 모습은 흙비가 쏟아지는 듯하여, 비유하자면 장차 새벽이 오려고 하지만 아직 새벽은 오지 않은 때에 사물이 미처 구체적으로 나타나지 않은 상태를 가리킨다.

"하늘이 초매를 짓는 데는 마땅히 제후를 세워야 하고 편안치 아니하니라."[6]
"캄캄한 혼돈의 위기 속에 구세주는 평안할 수 없다."[7]
"天造草昧^{천조초매}하다. 侯^후를 세워야 할 때로 아직 안녕의 때가 아니다."[8]

5『비지구해원본주역備旨具解原本周易』(서울: 조선도서주식회사), 193쪽. 참조
6 김석진,『대산 주역강좌 1』(서울: 한길사, 2001), 259쪽.
7 김흥호,『주역강해 1』(서울: 사색, 2003), 103쪽.
8 박일봉,『주역』(서울: 육문사, 1989), 75쪽.

"천조가 어지럽고 어두울 때는 마땅히 제후를 세울 것이요, 그렇지 않으면 편안치 못할 것이다."[9]

"하늘의 창조는 처음에는 혼란할 것이니 제후를 세우는 것이 마땅하나 편안치는 못하다."[10]

"하늘이 세상을 만드는 것은 간략하고 애매하다. 제후를 세우는 것이 마땅하지만 편안한 것은 아니다."[11]

이를 종합하면 다음과 같다. "하늘이 처음으로 만물을 만들 때는 어둡고 혼돈의 상태이므로 마땅히 제후를 대리인으로 세우고, 편안히 여기지 말아야 한다." 여기서의 관건은 '편안하지 않다[不寧]'이다. 천지창조 이래 인간과 역사와 문명과 자연은 수많은 굴곡과 진보의 과정을 거쳤다. 우주창조의 설계도인 하도의 밑그림에서 출발한 우주는 낙서 상극질서의 과정을 거쳐 진화하기 때문에 온갖 역경과 고난을 겪을 수밖에 없다. 그러니까 편안할 수 없는 것이다.

> ☞ '둔'은 카오스로부터 비롯되었다. 둔괘는 자연 세계의 분화에서 출발하여 사회와 문명과 역사의 전개를 얘기한다.

4. 상전 : 경륜의 목표를 세상의 구원에 두라

* 象曰 雲雷屯이니 君子以하여 經綸하나니라

---

9 이가원,『주역』(서울: 평범사, 1980), 68쪽.

10 기세춘,『주역』(서울: 화남, 2002), 169쪽.

11 蘇軾/성상구,『東坡易傳』(서울: 청계, 2004), 76쪽.

상전에 이르기를 구름과 우레가 둔이니, 군자가 이를 본받아 경륜한다.

둔괘의 형상은 위로는 구름이 가득 차 있고, 아래에서는 우레가 일어나려는 이미지로 이루어져 있다. 이제 막 생명의 감로수인 비가 내려 만물이 소생하려는 형국이다. 모든 일은 물밑에서 이루어진다. 물밑작업이 활발한 사업이야말로 번창한다. 물밑작업이 바로 경륜이다. 경륜이란 옷감을 짜는 일이다. 가로와 세로를 촘촘하게 짜야 좋은 옷감이 될 수 있듯이, 매사에 체계적이고 조직적으로 준비해야 일을 성공시킬 수 있다.

소강절邵康節(1011~1077)의 아들인 소백온邵伯溫은『황극경세서皇極經世書』의 편집체제에 얽힌 사전적 의미를 다음과 같이 기술하였다. "(크게 보아서) 하늘의 시간을 인간사에 징험하는 것이고, … 다시 인간사를 하늘의 시간에 징험하는 것이다.[天時而驗人事者也, 人事而驗天時者也]"[12] 하늘의 시간에서 도덕행위의 근거를 연역하고, 역사 전개의 정당성을 하늘의 시간에 비추어 증거하려는 의지를 읽을 수 있다.

소백온은『황극경세서』의 문자적 의미를 다음과 같이 풀이했다. "지극히 커서 언어로 담을 수 없는 것을 황皇이라 하고, 보이는 세계와 보이지 않는 세계를 통틀어 그 궁극적인 핵심을 중中이라 하고, 옳고 그름의 근거이자 지극히 올바른 것을 경經이라 하고, 온갖 변화에 상통함을 세世라 하고, 천지의 위대한 중은 지극히 올바르고 온

12『皇極經世書』「邵伯溫述皇極經世書論」

갖 변화에 상응함에 일정한 방향이 없는 것을 도라 한다.[至大之謂皇, 至中之謂極, 至正之謂經, 至變之謂世, 大中至正應變無方之謂道]"[13]

한강백韓康伯은 『주역』에 대해 "지난 시대의 옛 학자들은 건괘乾卦에서 리괘離卦까지를 상경上經이라 하여 천도天道를 다루었으며, 함괘咸卦에서 미제괘未濟卦까지는 하경下經으로서 인간사를 다루었다." 만약 상경이 선천이라 한다면, 하경은 후천이다. 상경은 순수 음양괘인 건곤괘를 제외하면 실질적으로는 3번 둔괘屯卦에서 시작하고, 감괘坎卦와 리괘離卦를 제외한다면 실질적으로 상경은 28번 대과괘大過卦에서 끝맺는다고 할 수 있다.

소강절은 "둔괘 상전의 '경륜經綸'에서 '경經'을 따고 대과괘 상전의 '둔세무민遯世无悶'에서 '세世'를 따서 황극(세상을 다스리는 중심)이 선천을 경영한다는 「황극경세皇極經世」라는 글을 짓고 경세도經世圖를 그려 천도의 운행이치를 밝혔던 것이다."[14] 경륜의 목표는 세상을 구원하는 데 있다. 그 목표를 달성하기 위해 경륜을 쌓는 준비가 필요하다.

> ☞ 생명을 가지고 태어난 이상, 세상을 경영하는 원대한 꿈을 키워야 할 것이다.

---

13 앞의 책, 「邵伯溫經世四象體用之數圖說」
14 김석진, 『대산 주역강좌 1』(서울: 한길사, 2001), 261쪽.

5. 초효 : 처음부터 올바른 가치를 갖추어야

초 구 반 환 이 거 정 이 건 후
★ 初九는 磐桓이니 利居貞하며 利建侯하니라

상 왈 수 반 환 지 행 정 야 이 귀 하 천
象曰雖磐桓하나 志行正也며 以貴下賤하니

대 득 민 야
大得民也로다

초구는 움직이지 않고 머뭇거리는 것이 반환이다. 올바른 데에 거
처함이 이롭고 제후를 세움이 이롭다. 상전에 이르기를 비록 머뭇
거리지만 올바름을 행할 것에 뜻을 두며, 귀한 것으로써 천한 곳
인 아래로 내려오니 크게 백성을 얻을 것이로다.

　초효는 둔괘屯卦의 주인공[主爻]이다. 초효는 건괘 초효를 이어받
은 둔괘의 핵심이다. 그것은 복희괘도의 안에서 밖으로 에너지가 분
출하는 최초의 상태에서 형성된 것이다. 이는 가정에서 장남에 해당
한다. 초효가 앞으로 나아가고자 해도 가장 아래에 있고, 위로는 감괘
坎卦(☵)의 험난함이 있으므로 우레가 사방으로 뿜어내지 못하고 제
자리에서 맴도는 모습이다.

　에너지가 안에서 밖으로 솟구쳐 물건을 생겨나게 하려는 원시상태
의 움직임을 동양 천문학에서는 지구의 자전과 공전으로 설명하고 있
으며, 이를 복희괘도와 연관하여 '좌선우행左旋右行'으로 비유했다.
그것은 회전축을 중심으로 돌아가는 맷돌의 운동과 흡사하다. 맷돌
의 회전은 자전이며, 잠시도 쉼 없이 돌아가는 맷돌 위에서 걸어가는
개미의 걸음은 공전에 해당된다. 맷돌과 개미의 비유는 하늘과 땅의

운동이 서로 연결되어 있으며, 하늘과 땅의 운동에서 온갖 자연현상이 빚어진다는 것이다.

'반환磐桓'은 『주역』의 기원과 깊이 연관되어 있다. 하나는 우리민족의 시조인 단군檀君을 가리킨다는 점이고,[15] 다른 하나는 동양신화의 아버지인 반고盤古라는 것이다. 둘 다 고대 한민족의 역사와 결부되어 있다. 전자는 직접적 언급이고, 후자는 간접적 언급이다. 현재 이것을 밝힐 수 있는 결정적인 증거는 없다. 다만 『주역』은 동이민족의 정신세계와 결부되어 씌어졌다는 사실을 간접적 방법과 심증적으로만 접근할 수 있을 따름이다.

반환磐桓과 반고盤古[16]의 의미는 매우 가깝다. 반환은 겨울의 긴 수

---

15 김홍호, 앞의 책, 102쪽. "磐은 磐古라는 가장 오래된 神이랄까 神人의 이름이고, 桓이란 환인, 환웅, 환검의 桓이다. 그래서 磐桓에는 세 가지 뜻이 있다. ① 하나님의 아들(예수 그리스도), ② 반석과 큰 나무(흔들리지 않는 것, 진리), ③ 머뭇거림, 주저함이다.

16 김선자, 『중국신화 이야기』(서울: 아카넷, 2004), 16-40쪽. 참조. "아득한 옛날 모든 것을 품고 있는 알 같은 우주 속에서 거인 盤古가 잠들어 있었다. 반고를 감싸고 있던 달걀 모양의 우주 내부의 기운들이 가만가만 움직이기 시작한 것이다. 반고는 하늘과 땅을 만들어낸 신이 아니다. 하늘과 땅은 저절로 생겨났다. 반고를 둘러싸고 있던 기운들이 아래위로 나뉘면서 저절로 생겨난 것이다. 반고는 천지를 '만들어낸' 신이 아니라 다만 갈라진 하늘과 땅이 다시 붙지 않도록 역할만을 했을 뿐이다. 그런데 瑤族 사이에 전승되는 盤古皇 신화에서 반고황은 묘족 신화에서보다 더욱 위대한 신으로 등장한다. 그야말로 전지전능한 신이다. 어떤 학자는 반고의 원래 이름이 '盤'인데 이 말은 인도신화의 '梵'에서 온 것으로 반고신화는 인도와 불교의 영향으로 생겨난 것이라도 말한다. 특히 반고는 천지개벽과 관련있는 신으로 부각된다. 한편 지금 중국의 河南城 泌陽縣에 있는 盤古山에는 당나라 때 처음으로 세워진 반고사당이 있다. 반고를 천지개벽의 신이자 중화민족의 근원이라고 여겨 그가 하늘과 땅을 열었다고 전해지는 장소인 하남 비양현을 민족의 성소로 만들려는 움직임이 활발하게 일어나고 있다. 2002년 초 湖南

면 기간을 거쳐 두꺼운 지표를 뚫고 나오는 싹처럼 근원에서 처음으로 나타나는 생명력을 상징한다.

　　"磐桓(반환)은 盤桓(반환)으로도 쓰인다. 첫째는 도연명의 歸去來辭(귀거래사)에 나오는 '憮孤松而盤桓(무고송이반환)'의 뜻 즉 遲疑不進(지의부진), 徘徊不去(배회불거)의 뜻이요, 둘째는 盤古(반고)의 '盤(반)'과 桓因(환인), 桓雄(환웅), 桓儉(환검) 등의 '桓(환)'과의 합자어로 보는 것이다. 盤桓(반환)은 고대의 神人(신인)이니 上帝(상제)의 長子(장자)이며, 民民(간민)의 선조요 그 통치자였다. 乾坤始交(건곤시교)로 태어난 長子(장자)인 盤桓(반환)은 처음의 경륜에 서 果行育德(과행육덕), 飮食宴樂(음식연락), 作事謀始(작사모시), 容民畜衆(용민휵중)의 과정을 겪어서 비로소 顯比(현비)로 首出比鄰(수출비린)하여 建萬國(건만국) 親諸侯(친제후)하게 되는 것이다. 그래서 序卦(서괘)의 屯(둔)은 雜卦(잡괘)의 比(비)에 해당하는 것이라 하겠다."[17]

　『주역』과 『서경』의 기록에 따르면, 만물의 창조는 신화적인 전승과 결부되어 나타난다. 그것이 바로 반환磐桓에 얽힌 이야기다. 반환은 단순히 카오스의 요동상태만을 가리키지 않는다. 반고는 세상의 시작(만물의 형성)[18]과 최초의 인간을 애기하는 원형신화原型神話의 주인공이다.

　다시 앞으로 돌아가서 애기하자. 앞에는 초구의 험난함이 가로막고

城 沅陵縣에서 반고의 동굴로 여겨지는 '盤古洞'을 발견했다는 사실을 대대적으로 보도했다. 반고의 천지개벽은 그저 단순한 신화가 아니라 '역사적 진실'이라는 것이다. 신화를 그저 신화로 보는 것이 아니라 역사적 사실로 바라보는 일부 중국학자들의 접근방식은 재고되어야 마땅하다."

17 이정호, 『周易正義』(서울: 아세아문화사, 1980), 6-7쪽. 참조

18 『정역』 첫머리는 盤古로부터 시작한다. 생명의 씨앗이며, 인류 최초의 조상으로 알려진 반고로부터 三神一體的으로 분화되어 나타난 것이 天皇, 地皇, 人皇이다. 김일부가 과연 반고를 우주의 시초로 보았는지, 아니면 '중국신화의 韓國化'를 시도했는지는 더 연구할 문제.

있기 때문에 잠시 때를 기다리는 것이 이롭다[利居貞]. 나약하기 이를
데 없는 음효의 맨 아래에 내려와 백성들을 평안하게 하는 제후를 세
우는 것이 이롭다[利建侯].

비록 초효가 어려움을 겪고 있지만[雖磐桓], 양陽이 양 자리에 있
기 때문에 그 뜻을 올바르게 행하고자 한다[志行正也]. 초효는 가장
유순柔順하고 중정中正의 위치에 있는 2효에 마음이 끌리어 원래의 짝
인 4효에게로 곧바로 나아가지 못하고 머뭇거리는 모습이다.

『주역』에서 가장 중요한 개념 중의 하나가 바로 중中과 정正이다. 둔
괘 초효에서 말하는 정正은 우주가 진화하는 목적은 올바른 세계의
건립에 있으며, 사회적 진보의 가치 또한 올바른 정의가 구현되는 대
동세계에 있음을 가르치고 있다.

☞ 인간 생명의 본질은 올바름의 추구에 있다.

6. 2효 : 시련을 겪은 다음의 행복을 누려라

＊ 六二는 屯如邅如하며 乘馬班如하니 匪寇면 婚媾리니
女子貞하여 不字라가 十年에야 乃字로다

象曰 六二之難은 乘剛也요 十年乃字는 反常也라

육이는 앞으로 나아가지 못하여 걷기 어려우며, 말을 탔다가 도로

내리니, 도적이 아니면 청혼해 올 것이다. 여자가 올바르고 곧아서 시집가지 않다가 십년 만에야 시집을 가도다. 상전에 이르기를 육이의 어려움은 강함을 탔음이요, '십년 만에 시집감'은 떳떳함으로 돌아옴이다.

'둔여屯如'는 어렵고 곤란한 모양, '전여邅如'는 앞으로 나아가기 어려워 머뭇거리면서 왔다갔다 하는 모양, '반班'은 같을, 내릴, 헤어지는 모양, '자字'는 시집갈, 혼인을 허락한다는 뜻이다.

2효는 음효로서 내괘의 중도[中]를 얻고, 음효가 음의 자리에 있기 때문에 정正이며, 또한 외괘의 5효와 상응한다. 따라서 2효 자신은 완벽한 조건을 갖추었다. 하지만 둔屯 자체가 어려운 시기이고, 아래 초효인 양陽을 타고 있는 까닭에 5효[陽]를 만나는 데 큰 어려움에 봉착한 상황이다. 이것이 바로 둔여전여屯如邅如의 이미지인 것이다.

『주역』에서는 음효가 양효 위에 있는 경우를 말에 올라탔다[乘馬]고 한다. 「설괘전」에서도 양효로만 이루어진 건괘乾卦를 말에 비유했다. '반여班如'는 말에서 내려와 그 말과 나란히 서 있는 모습을 형용한 것으로 음양짝인 5효는 멀리 떨어져 있고, 초효는 바로 아래에서 청혼하는 형국이기 때문에 2효가 초효의 말을 탔다가 다시 내리는 상황을 묘사한 것이다.

그런데 자세히 살피니까 초효는 2효를 위험에 빠뜨리는 도적이 아니라, 오히려 열렬하게 청혼하는[匪寇婚媾] 존재이다. 부드럽게 순응하는 여성만의 고유한 중정의 덕으로 정조를 지키고 초효의 청혼을 완곡히 물리쳐 시집가지 않다가 원래의 제짝인 5효에게 십년 만에 시집간다[十^십年^년乃^내字^자].

이를 상수론에 적용시켜 살펴 보자. 복희팔괘도에서 감수坎水는 6이고, 진뢰震雷는 4로서 이들의 합은 10이다. 10은 10수 하도를 뜻한다. 복희팔괘도에는 8까지의 수가 나타나는데, 복희팔괘도는 9수 문왕팔괘도를 지향한다. 낙서 9수의 문왕팔괘도는 10수 정역팔괘도를 지향한다. 정역팔괘도는 10수 하도의 구체적 실현을 압축한 형상이다.

원래 '십十'은 시간과 공간이 입체적으로 교차하는 십자가의 모양을 띤다. 십자가의 센터가 시공간적으로 확산하여 자연과 인간과 문명이 통일되는 이상적 경지를 묘사한 것이다. 그러니까 '십년 만에 시집간다'는 말은 만사가 형통한다는 뜻과 직결된다.

「상전」에서 2효의 어려움은 강함을 탔음이요, '십년 만에 시집감'은 떳떳함으로 돌아옴이라고 말한 것은 2효와 5효의 결합이 상도常道임을 의미한다. 이제까지의 어둠과 어려움과 곤경을 떨쳐버리고 밝음의 길로 접어드는 것이 원래 자연의 질서다. 왜냐하면 『주역』에서 말하는 가장 이상적인 감응은 음이 음자리에 있는 2효가 양이 양자리에 있는 5효가 결합하는 것이다. 그러니까 상수론에서 가장 이상적인 수인 10이 둔괘屯卦에 등장하는 까닭도 여기에 있는 것이다.

주자朱子는 '10은 수의 극한[十, 數^수之^지終^종也^야]'이라고 했다. 에드먼드 윌러는 "새로운 세계의 입구에 서 있는 구세계를 떠날 때, 그들은 두 세계를 동시에 보았다"고 했으며, 필롤라오스는 "수의 행동과 본질은 10의 개념에 담겨 있는 힘으로 측정해야만 한다. 왜냐면 이것(힘)은 매우 크고, 모든 것을 포용하고, 모든 것을 이루고, 인간의 삶뿐만 아니라 신과 하늘의 삶의 근본이자 안내자이기 때문이다"라고 했다.

오비디우스에 따르면, "10이라는 수는 옛날부터 아주 높이 받들어 졌다. 수를 세는 손가락의 수도 10이고, 숫자들은 10까지 증가한 다음, 거기서 다시 새로운 순환이 시작된다"고 하였다. 또한 산스크리트 만 트라[呪文]는 "넘어가고 넘어가도다. 저 너머로, 저 너머의 너머로 넘 어가도다. 깨달음을 얻은 여행자를 환호하며 맞이하라!"고 하여 10수 세계의 경지를 암시했다.[19]

---

19 마이클 슈나이더/이충호, 『자연, 예술, 과학의 수학적 원형』(서울: 경문사, 2002), 323-346쪽. 참조. "10은 전체의 반복을 나타낸다. 10은 그 속에 수들의 두 부모(1과 2)와 그 일곱 자식(3에서 9까지)을 포함하고 있다. 10은 함께 모여 각각 자신의 원리를 동시에 펼쳐보이고 있는 원형들의 전체 가족의 초상화이다. 모든 수들의 성질을 나타내는 10은 수 자체의 문턱을 넘어서서 각 부분들을 합한 것보 다 더 큰 공동 상승작용Synergy을 나타낸다. 10에 의해 표현되는 모든 것들을 포 함하는 이 원형은 그리스의 황금시대부터 데카드(Decad)로 불렸다. 데카드는 그 아래에 있는 모든 수를 포함하고 조화시키기 때문에 '세계' 또는 '하늘'이라고 불 렸다. 10은 모든 것을 포함하는 '완전'을 나타낸다. 10의 성질을 이해하는 것은 곧 모든 것을 아는 것과 같다. 데카드는 모나드에서 엔네아드에 이르기까지 모든 원 형적 원리들을 담고 있는 창조과정의 패러다임이다. 10은 피타고라스학파에서 완 성과 새로운 시작을 상징하는 '완전수'로 취급되었다. 전 세계의 신화와 종교에 서는 완성과 확대된 힘과 새로운 시작의 상징으로 데카드가 사용된 예가 풍부 하다. 10의 출현은 종종 여행의 완결과 정화를 위한 아홉 겹의 경험 뒤에 근원으 로 돌아가는 것을 나타낸다. 그래서 이암블리코스에 의하면, 옛사람들은 '영원히 흐르는 자연'을 데카드에 대한 은유로 사용하였다. 왜냐하면 데카드는 모든 종류 의 만물의 영원불변의 본질이기 때문이며, 우주만물은 데카드와 호응하여 완성 되고 조화로우며 가장 아름다운 한계를 지니기 때문이다. 10으로 가는 단계는 어 떤 넓은 틈을 뛰어넘는 것이라기보다는 계속 존재해온 내재적인 통일성과 전체 성을 인식하는 것이다. 데카드는 통일성이 또 다른 차원에서 나타나는 것, 곧 모 나드가 다시 반복하는 것이다."

☞ 만사형통의 지름길은 강유의 결합에 의한 중용의 실천에 있다.

7. 3효 : 진퇴의 결정은 시간 체험을 바탕으로

* 六三은 卽鹿无虞라 惟入于林中이니
（육삼　즉록무우　유입우임중）

君子幾하여 不如舍니 往하면 吝하리라
（군자기　불여사　왕　린）

象曰卽鹿无虞는 以從禽也요
（상왈즉록무우　이종금야）

君子舍之는 往하면 吝窮也라
（군자사지　왕　린궁야）

육삼은 사슴 사냥에 몰이꾼이 없다. 오직 숲 속에 깊이 들어갈 따름이니 군자는 기미를 살펴서 그치는 것만 같지 못하니, 가면 인색해질 것이다. 상전에 이르기를 '사슴 사냥에 몰이꾼이 없음'은 새를 쫓아감이요, '군자가 그치는 것'은 가면 인색하고 궁색해짐이다.

3효는 음이 양의 자리에 있다. 음이 음에 만족하지 않고 욕심이 넘쳐 함부로 움직이려는 형상이다. 3효는 양의 자리에 양이 있지 않고 음이 있으며, 중도[中]의 위상도 확보하지 못했다. 3효와 상응하는 상효 역시 음인 까닭에 대응해주지 못하는 형세다.

3효의 이웃인 5효는 이미 2효와 상응하고, 초효 역시 4효와 상응한다. 이것은 마치 몰이꾼 없이 사슴사냥에 나가는 것과 흡사하다. 사슴을 포획해야 하는데 길 안내자가 없다. 옛날에 임금이 사냥나갈 때는 사냥꾼보다는 몰이꾼이 더 많았다. 몰이꾼이 사냥깜을 어떻게 모느냐에 따라 그날 사냥의 성공여부가 결정되었던 것이다. 몰이꾼 없는 사냥은 먹이감을 얻기는커녕 길을 잃고 헤맬 뿐이다. 마찬가지로 세상은 음양짝이 있어야 하듯이 혼자 살 수는 없는 것이다.

3효는 내괘에서 외괘로 넘어가는 중간에 존재한다. 내괘의 끝자락에 있으면서 우레로 움직이려고 욕심내지만 외괘의 험난함을 미리 밝혀 분별해서 그쳐야 한다는 것이다[君子幾, 不如舍]. 성인을 지향하는 군자는 그 징조를 깨달아 제자리에 멈추지만, 소인은 함부로 나아가 오히려 일을 그르치는 상황에 빠진다[往吝]. 군자다운 인격자가 되기 위해서는 나아가고 물러가는 시간의식을 올바르게 분별해야 하는 지혜와 그것을 실천할 수 있는 덕성의 힘이 필요하다는 것을 일깨우고 있다.

몰이꾼 없이 사슴사냥 하는 것은 하늘을 나는 새를 쫓는 것과 같다. 우리나라 굴지의 기업인 S그룹이 한국을 경제적으로 지배할 수 있었던 까닭은 총수의 측근에 뛰어난 인재가 많기 때문이다. 총수 혼자서 영업과 금융을 한꺼번에 지배할 수는 없다. 총수는 영업전략을 짜면 된다. 나머지는 측근과 현장에서 뛰는 사원이 하면 된다. 총수는 시세의 흐름에 민감하게 대처하고 주위에 사람을 많이 끌어 모으면 되는 것이다.

군자는 당연히 그 조짐을 살펴서 그치니[君子舍之], 가면 갈수록 인색해질 따름이요 더욱 곤궁해질 것을 알기 때문이다[往, 吝窮也]. 그러니까 자신을 옆에서 도와줄 사람을 찾아야 한다.

☞ 진퇴의 시기를 깨닫는 지혜는 실천력이 좌우한다.

8. 4효 : 언제 어디서나 가치판단에 주목하라

★ 六四_는 乘馬班如_니 求婚媾^{하여} 往^{하면}
<small>육 사   승 마 반 여   구 혼 구   왕</small>

吉^{하여} 无不利^{하리라}
<small>길   무 불 리</small>

象曰 求而往_은 明也^라
<small>상 왈 구 이 왕   명 야</small>

육사는 말을 탔다가 다시 내리니 혼인길을 찾아서 가면 길해서 이
롭지 않음이 없을 것이다. 상전에 이르기를 '찾아서 감'은 밝게하
는 것이다.

4효의 이웃사촌은 5효이지만, 상응관계가 아니기 때문에 결혼상대
자가 아니다. 더욱이 4효는 험난함을 표상하는 외괘의 맨 아래에 있
고, 양효인 5효의 아래에 있다. 또한 4효는 2효와 유사하게 말에 올라
탄 형국이지만, 내괘의 초효와 상응하기 때문에 '때'를 기다리고 있는
군자를 마주하고자 말에서 내리는 모습이다.

도대체 『주역』에서 '때[時間]'를 기다린다는 말은 무슨 뜻인가? 무
작정 시간을 하염없이 기다린다는 말인가? 아니면 시세의 흐름을 읽
는 재주를 키워야 한다는 뜻의 다른 말인가? 또한 그것은 상황논리를

부추기는 얘기가 아닌가.『주역』에서 시간을 지적하는 명제는 '시의 성時義性'이다. 그것은 어떤 상황이든지간에 정확한 판단에서 비롯된 강력한 실천력을 발동시키는 지혜와 힘을 가리킨다.

이것이 바로 유가의 화두인 '중사상中思想'의 핵심이다. 유가의 시간관은 중사상으로 압축할 수 있다. 중中은 현대윤리학에서 말하는 상황윤리와는 근본적으로 다르다. 상황윤리란 시공간의 지배를 받는 윤리를 말한다. 하지만 '중'의 윤리는 시대와 장소가 다르더라도 언제나 그 상황에 맞게 올바른 가치판단을 근거로 삼는다.

그러니까 꼭 4효에서 청혼해 올 때까지 기다렸다가 나서는 것이 현명하다고 말했던 것이다. 상황윤리가 개인의 주관적 판단에 연유한 윤리적 규범이라면, '중'의 윤리는 비록 개인이 내리는 주관적 판단일지언정 그 밑바탕에는 시공간을 보편적으로 가로지르는 객관성에 뿌리박힌 판단에 연유하기 때문에 인식하기가 쉽지 않다.

아성亞聖이라 불리는 맹자孟子는 공자孔子를 일컬어 '시간의 성인[聖之時者]'라고 추존했다. 공자는 나아갈 때는 나아가고 물러날 때는 물러날 줄 아는 유일한 성인이라는 것이다.『주역』64괘의 가르침은 시간의식과 시간의 활용을 가르친다. 여기서 말하는 시간의 활용은 자본주의적 시각에서 돈으로 환원시켜 이용하는 수단적인 가치를 뜻하지 않는다. 그것은 오히려 시간의 근거와 유래, 시간의 본성을 깨달아 삶의 유효한 방법을 터득하려는 지혜에서 비롯되었다. 더욱이 시간의 정신이 순환이냐 직선이냐에 따라 삶의 지침을 달라질 수밖에 없기 때문에 시간의 본질 인식은 애당초 '중'의 이념과 뿌리 깊게 연결되어 있다.

특히 유가의 중中과 연관된 시간관에는 선후천론이 가장 깊숙이 숨겨진 틀과 이치로 작동하고 있음을 간과해서는 안 된다. 예컨대 "주역 64괘 중 제일 첫 번째 괘인 건괘乾卦의 마지막 효인 상효上爻는 오늘의 세계를 표상하고 있다. 인류는 지금, '높이 올라간 용이니 후회함이 있으리라[亢龍有悔]'고 말한 건괘의 '극한상황[亢]'의 시간과 공간[時位]에 처해 있다."

『주역』의 명제를 오늘의 시대인식으로 비유한 것은 인간의 오만과 탐욕으로 빚어진 '자연의 최대 재앙'인 생태계 파괴와 인류사회의 양극화현상을 비롯한 전쟁상황 등은 '극심한 치우침의 때[亢]'를 처방하기 위한 하늘과 땅이 내리는 경고라고 할 수 있다.

건괘에서 얘기하는 '시간과 공간[時位]'은 어떤 현대적 의미의 내포와 외연을 갖는가? 유교에서 말하는 시위성時位性은 한마디로 '중中'이다. 맹자에 따르면 '중中'이란 화살을 쏘아 과녁 한가운데에 적중하는 것이다. 그는 중中의 역동성을 활쏘기에 비유하였다. 도덕적 판별능력과 실천력을 체득한 군자가 그 시대상황에 적중하도록 결정하는 것이 바로 중中이다.

그것은 시공간이라는 보편적 원리에서 벗어난 임시방편의 권모술수가 결코 아니다. 한마디로 현실에 대한 도의 구체적 적용이다. 시대정신에 부합하도록 최선을 다해서 분별하고 판단하는 지혜인 것이다. 위의 언급들은 한결같이 합리성과 도덕적 판단에 기초한 시간의식[20]

20 김승혜, 『유교의 時中과 그리스도교의 식별』(서울: 바오로딸, 2005), 67-75쪽.

이다. 종교와 선후천론의 입장에서 이야기하는 시간의식이란 자연과 문명과 인간일반에 대한 급격한 전환을 유도한다.

> ☞ 주역사상이 제시한 시간론의 화두는 '시의성時義性'에 있
> 다. 그것은 어떤 상황에서든지 올바른 가치판단과 강력한
> 실천력을 발동시키는 지혜와 힘을 뜻한다.

9. 5효 : 어려운 시기에는 실력을 배양해야

^{구 오} ^{둔 기 고} ^{소 정} ^길 ^{대 정} ^흉
★ 九五는 屯其膏니 小貞이면 吉코 大貞이면 凶하리라

^{상 왈} ^{둔 기 고} ^{시 미 광 야}
象曰 屯其膏는 施未光也라

구오는 그 넉넉한 은혜가 어려우니 조금 올바르게 나아가면 길하

참조. "예수에게 때(kairos)는 성부에게서 받은 소명, 곧 하느님 나라를 선포하고 실현해야 할 그의 사명과 직결되어 있다. 기독교에서 말하는 '때가 찼다'는 말에는 두 가지 의미가 있다. 첫째는 자연적 결실의 때를 가리킨다. 여기에는 심판의 의미가 내포되어 있다. 둘째는 직접적으로 마지막 심판의 때를 가리키는 경우이다. 기독교는 심판의 시간을 항상 준비하고 있으라고 말한다. 때를 안다는 것은 하느님의 뜻을 식별한다는 것이다. 특히 공관복음에서 때(kairos)는 하느님 나라의 도래와 직결되어 있어서 하느님이 방문하시는 때라는 신론적 성격이 강하다. 이에 비해 요한복음에서 때(kairos)는 인간이 선택해야 할 결단의 순간을 지칭하고, 시간(라틴어 hora는 hour, time, season의 뜻이다)은 예수의 죽음과 영광의 시간이라는 그리스도론적 색채가 짙다. 우선 kairos라는 용어가 요한복음에서는 공관복음에서 예수가 말한 '나의 때'와 대비되는 '세상의 때'라는 명암이 갈리는 시간개념으로 발전한다. 변화에 민감한 식별을 통해 전통이 심화되고 현실 속에 내포되어 있는 다양한 충돌 요소들이 조화를 이룰 수 있다. 그래서 맹자는 時中의 능력을 최고의 성덕으로 높였던 것이다.

고 크게 고집하면 흉할 것이다. 상전에 이르기를 '기름진 것이 어렵다'는 것은 베풂이 빛나지 못하기 때문이다.

5효는 양이 강건중정剛健中正의 덕을 갖추어 인군의 위치에 있다. 비록 2효와 정응正應의 관계이지만, 어렵고 험난한 시기에 있다. 다른 모든 괘에서 5효의 내용은 대체로 긍정적인 언표로 이루어져 있으나, 둔괘는 워낙 처음의 어려움이 있는데다가 험한 물(☵) 속에 갇혀 있다. 때문에 백성들은 누가 인군인지를 알 수 없는 까닭에 그 은택을 아래에 베풀 수 없는 형국이다.

어려운 시기에는 은인자중하여 실력을 길러야 한다. 그렇지 않고 대규모의 사업을 꾀한다면 일을 그르치기 쉽다. 그러니까 외괘는 감괘坎卦[물, ☵]는 북방 겨울의 '정貞'이기 때문에 효사에 '둔기고屯其膏'와 '정貞'이 등장하는 것이다.

> ☞ 힘든 고비에는 작은 일에 만족하고, 큰 일을 도모해서는 안 된다.

10. 상효 : 슬픔과 기쁨은 순환한다

★ 上六은 乘馬班如하여 泣血漣如로다
<small>상 육 승 마 반 여   읍 혈 연 여</small>

象曰 泣血漣如이어니 何可長也리오
<small>상 왈 읍 혈 연 여   하 가 장 야</small>

상육은 말을 탔다가 내리는 것과 같으니 피눈물을 흘리도다. 상전

에 이르기를 '피눈물을 흘리니' 어찌 오래 갈 수 있겠는가.

상효는 바로 밑의 5효를 타고 있으나[乘馬] 상응관계가 아닌 까닭에
말에서 내려와야 하는 상황이다. 특히 험난함의 극한에 이르렀고 내
괘의 3효와도 상응관계를 이루지 못한 까닭에 외롭게 피눈물을 뚝뚝
흘리는 형국이다.

암컷과 숫컷이 사이좋게 짝지어 있지 않고, 따로따로 떨어져 이별하
는 모습이다. 워낙 슬프고 애처로워 피눈물을 흘리는 형상이다. 전환
기에는 실망하지 말고, 스스로를 높이어 새로운 희망의 메시지에 의
지하여 삶의 자세를 다져야 할 것이다. 하지만 종말현상은 오래가지
않는다. 머지않아 피와 눈물은 기쁨과 웃음으로 바뀔 것이다. 시간은
순환하기 때문이다.

그래서 정이천은 "괘는 만물이 살아가는 모습을 총괄적으로 담아
놓은 부호이며, 효는 만물이 살아가는 과정을 하나하나씩 토막내어
시간적인 변화로 형상화시킨 것이다"[21] 라고 말했다.

> ☞ 시간의 순환 앞에서 감정은 아무런 의미가 없다.

---

21 『易程傳』屯卦, "屯難窮極, 莫知所爲, 故至泣血漣沛如此, 其能長久乎. 夫卦者
事也, 爻者事之時也, 分三而又兩之, 足以包括衆理, 引而伸之, 觸類而長之, 天下之
能事畢矣."

11. 주역에서 정역으로

정역사상의 연구자 이상룡李象龍은 둔괘의 성격을 다음과 같이 설명한다.

주자왈둔 물시생이미통지의 고기위자
朱子曰屯은物始生而未通之意니故其爲字가

상초천지시출이미신야
象艸穿地始出而未申也라 하니라

위괘수왕어상 뇌동어하 즉천개자회
爲卦水旺於上하고雷動於下하니則天開子會하여

양생자월 혼혼돈돈이양미회태
陽生子月할새混混沌沌而陽未回泰하니

물미창형지시야
物未暢亨之時也라

지자수퇴위 해뢰명하 만물가회이통창
至子水退位하고亥雷鳴夏하여萬物嘉會而通暢하니

즉천하지둔몽 변이위태형문명지세
則天下之屯蒙이變以爲泰亨文明之世니

고둔소이차몽야
故屯所以次蒙也라

주자는 "둔은 만물이 처음 나와서 아직 펼쳐지지 못했다는 뜻이다. 그러므로 그 글자가 풀이 땅을 뚫고 처음 나와 아직 펴지지 못한 것을 본뜬 것이다"라고 하였다. 괘의 형성에서 물은 위에서 왕성하고 우레는 아래에서 움직여 하늘이 자회子會에서 열리고 양은 자월子月에서 생겨나므로 혼돈 상태에서 양이 아직은 커지지 못하여 만물이 펼쳐져 형통하지 못하는 시기이다. 자수子水가 자리에서 물러나고 해뇌亥雷가 여름철을 드날려 만물이 아름답게 모여 활짝 통하여 펼쳐져 천하의 둔몽屯蒙이 변하여 크게 형통하는 문명의 세월이 된다. 그러므로 둔괘가 몽괘 다음에 놓인 것이다.

단 왈 둔   원 형   이 정   물 용 유 유 왕   이 건 후
彖曰屯은 元亨코利貞하니 勿用有攸往이요 利建侯하니라는

성 인 수 출   계 천 이 입 극 야
聖人首出에 繼天而立極也라

천 조 초 매   천 지 조 판   인 문 미 벽 야
天造艸昧는 天地肇判에 人文未闢也라

*「단전」- "둔은 크게 형통할 것이다. 곧고 바르게 행동해야 이롭다. 갈 곳이 있어도 가지 말아야 하고 제후를 세워야 이롭다." 성인이 가장 먼저 나와 하늘의 뜻을 이어받아 인류의 푯대를 세운 것이다. '하늘이 초매를 만든 것'은 하늘과 땅이 아직 나뉘지 않았을 때로서 인문이 아직 열리지 않은 것을 뜻한다.

상 왈 군 자 이   경 륜
象曰 君子以하여 經綸하나니라는

천 하 방 둔   미 가 거 진 야
天下方屯에 未可遽進也라

*「상전」- "군자가 이를 본받아 경륜한다"는 것은 천하가 바야흐로 머뭇거리니 아직은 앞으로 나아갈 수 없다는 뜻이다.

초 구   반 환   이 거 정
初九는 盤桓이니 利居貞하며는

덕 합 군 인 이 거 하 수 시 야
德合君人而居下需時也라

* 초효- "움직이지 않고 제자리에서 맴도는 것이 반환이다. 올바

른 데에 거처함이 이롭다"는 것은 군자와 보통사람이 덕을 합하
여 아래에 거처하면서 시간이 필요함을 말한다.

六二_는屯如邅如_{하며}乘馬班如_{하나니는}
육이　둔여전여　　승마반여

判之庚午_{하고}而用之甲子也_라
판지경오　　이용지갑자야

十年_{에야}乃字_{로다는}己日乃政也_라
십년　　　내자　　기일내정야

* 2효-"앞으로 나아가지 못하여 걷기 어려우며, 말을 탔다가 도
로 내린다"는 것은 '경오'에 판가름나고 갑자에서 사용된다는 것
이다. "십년 만에야 시집을 간다"는 것은 '기일'에 정사가 베풀어
진다는 뜻이다.

六三_은卽鹿无虞_라惟人于林中_{이니는}
육삼　즉록무우　유입우임중

濟屯无傑_{하여}柅于林叢也_라
제둔무걸　　니우임총야

* 3효- "사슴 사냥에 몰이꾼이 없다. 오직 숲 속에 깊이 들어갈
따름이다"는 뛰어난 사람 없이 건너는 것은 무성한 숲 속에 들어
가는 것과 같다.

六四_는求婚媾_{하여}往_{하면}吉_{토다는}上下交際也_라
육사　구혼구　　왕　길　　상하교제야

* 4효- "혼인길을 찾아서 가면 길하다"는 것은 상하가 교제한다
는 뜻이다.

九五_는屯其膏_{니는}左右小人_이雍蔽聰明也_라
구오　둔기고　　좌우소인　옹폐총명야

* 5효-"그 넉넉한 은혜가 어려움"은 주변의 소인들이 총명한 사람을 가로막기 때문이다.

상 육   승 마 반 여   읍 혈 연 여
上六은 乘馬班如하여 泣血漣如로다는

오 극 신 출   상 막 공 소 야
午極新出하여 傷莫控訴也라

* 상효- "상육은 말을 탔다가 내리는 것과 같으니 피눈물을 흘리도다"는 것은 오午의 시대가 극한에 이르러 새로운 것이 나와 원통함을 알릴 수 없도록 상처 입는다는 뜻이다.

山水蒙卦

몽괘는 교육의 중요성과 방법을 강조하고 있다. 갓 태어난 어린아이는 매사에 어둡기 때문에 부모를 통해 경험적 지식을 터득하지 않고는 제대로 성장할 수 없다. 몽괘는 어리석음을 벗어나려면 모름지기 배워야 한다고 가르친다. 몽蒙에는 어리다、어리석다、깨우치다 등의 뜻이 있다. 특히 어진 사람은 산을 좋아하고 지혜로운 사람은 물을 좋아한다는 말 역시 산과 물의 결합으로 이루어진 산수몽괘의 교육철학에서 비롯되었다고 할 수 있다。

Chapter 2

산수몽괘山水蒙卦
어리석음을 벗어나려면 반드시 배워야

1. 사람은 왜 무엇을 배워야 하는가 : 몽괘

정이천은 수뢰둔괘(▤▤) 다음에 산수몽괘(▤▤)가 오는 이유를 다음
과 같이 말한다.

　　　몽　　서괘　　둔자　　영야　　둔자　　물지시생야
* 蒙은 序卦에 屯者는 盈也요 屯者는 物之始生也니

　　물생필몽　　　　고수지이몽
物生必蒙이라 故受之以蒙하니

　　몽자　　몽야　　물지치야
蒙者는 蒙也니 物之稚也라 하니라

　　둔자　　물지시생　　　물시생치소　　　몽매미발
屯者는 物之始生이니 物始生稺小하여 蒙昧未發하니

　　몽소이차둔야　　위괘간상감하
蒙所以此屯也라 爲卦艮上坎下하니

간 위산위지 감 위수위험
艮은 爲山爲止요 坎은 爲水爲險이라

산하유험 우험이지
山下有險하니 遇險而止하여

막지소지 몽지상야
莫知所之가 蒙之象也라

수 필행지물 시출 미유소지
水는 必行之物이로되 始出하여 未有所之라

고 위몽 급기진즉위형의
故로 爲蒙이니 及其進則爲亨義라

몽괘는 「서괘전」에 '둔은 가득 참이요, 둔은 사물이 처음으로 나오는 것이다. 사물이 처음으로 생겨나면 반드시 어리기 때문에 몽괘로 이어받았다. 몽은 어리다는 뜻으로 사물이 어린 것이다'라 하였다. 둔은 사물이 처음 생겨난 것이니 사물이 처음으로 생겨 어리고 몽매하여 개발되지 못했기 때문에 몽괘가 둔괘 다음이 된 것이다. 괘의 형성은 간이 위에 있고, 감은 아래에 있다. 간은 산과 그침이며, 감은 물과 험남함이다. 산 아래에 험난이 있으니 험난함을 만나 그쳐서 갈 바를 알지 못하는 것이 몽의 형상이다. 물은 반드시 가는 사물이지만 처음 나와서는 갈 바가 없기 때문에 몽이 되었다. 나아감에 이르면 형통의 뜻이 된다.

몽괘는 교육의 당위성과 방법을 강조하고 있다. 갓 태어난 어린아이는 부모를 통해 경험적 지식을 터득하지 않고는 제대로 성장할 수 없다. 아직 어린 까닭에 매사에 어둡다. 몽괘는 어리석음을 벗어나려면 모름지기 배워야 한다고 가르친다.

'몽蒙'에는 어리다, 어리석다, 깨우치다 등의 뜻이 있다. 깊은 산 속 옹달샘에서 발원한 조그마한 물줄기가 바다를 만들듯이, 선생이 어린아이를 차근차근 길러나가는 과정이 곧 몽괘의 내용이다. 그래서 예전부터 교육을 일컬어 계몽蒙養, 훈몽訓蒙이라 했으며, 열심히 배우는 어린 학생을 동몽童蒙이 불렀던 것이다. '격몽擊蒙'이란 어둠을 때려서 깨우친다는 말이다.

이이李珥(1536~1584)는 학문의 목적은 성인聖人을 지향하는 데 있다고 말했다. 그는 성인이 되는 것을 배우는 학문이 바로 성학聖學이라고 규정하였다. 성학의 내용이 곧 유학儒學이다. 유학은 인간 주체성을 근거로 자연에의 순응을 통한 합일을 꾀하면서, 능동적인 수기치인修己治人을 통하여 천인합일을 궁극목적으로 삼는 학문이다.[22] 성인은 어려서부터 배움과 교육을 통해서 이루어진다. 그러니까 유학은 공자로부터 줄곧 '맨 밑바닥에서부터 배워서 궁극적인 경지에 도달한다[下學而上達]'는 이념을 공부의 요체로 삼았던 것이다.

유학의 교육론은 산수몽괘山水蒙卦에 근거한다.[23] 율곡은 『격몽요결擊蒙要訣』[24]을 지어 인간이 왜 배워야하는가와 배움의 목표를 제시했다. "처음으로 배우는 사람은 반드시 뜻을 세워야 하는데, 자신도 성인이 되리라고 마음먹어야 한다. 대개 보통 사람과 성인을 비교하면 그 근본성품은 한 가지요 둘이 아니다."

---

22 장숙필, 『栗谷 李珥의 聖學研究』(서울: 고려대학교 민족문화연구소, 1992), 11-31쪽. 참조. "聖學은 正學, 爲己之學, 道學, 實學을 내용으로 삼는다."

23 옛날에는 태어나서 오륙 세가 지나면 千字文을 배우고, 그 다음에 啓蒙篇, 童蒙先習 혹은 童蒙須知 등을 배웠다. 『동몽선습』은 조선조 명종 때 朴世茂가 짓고, 그 뒤 宋時烈이 跋文을 지어 어린이 교재로서 유익한 책이다.

24 『栗谷全書』38권 중 27권에 있다. '擊蒙'이란 무지몽매한 이들을 일깨워 계몽해주는 교육을 일컫는 말이며, '要訣'은 아주 중요한 핵심이라는 뜻이다.

인간이 태어날 때부터 가지고 있는 도덕적 성품을 모르면 어둠[蒙^몽]
이고, 본성을 알아서 그것을 사회적으로 실천하면 밝은[明^명] 것이다.
불교에서도 자신의 본성에 무지한 것을 무명無明이라 한다. 도덕적 본
성이 아닌 육체적 본능을 참나로 착각하는 이는 어둠의 사람이다. 동
물적 본능을 참나가 아니라고 물리치는 것이 바로 '격몽擊蒙'인 것이
다. 그러므로 격몽은 극기克己와 다르지 않다.

군자의 요건은 에고Ego를 물리쳐 참나로 거듭 태어나는 것에 있다.
이를 불교에서는 견성見性이라 한다. 격몽擊蒙과 견성見性은 배움의 시
작이요 배움의 목표인 셈이다. 사람들은 진리를 따르지 않고 격몽을
잃어버린 채 욕망의 오랏줄에 묶여 어둠 속에 헤매고 있다. 온갖 못된
짓을 마다하지 않고, 타인들 앞에서 거룩한 체하는 것은 죄악일 따름
이다.

2. 몽괘 : 교육은 백년지대계

* 蒙^몽은 亨^형하니 匪我求童蒙^{비아구동몽}이라

童蒙^{동몽}25이 求我^{구아}니 初筮^{초서}이어든 告^고하고 再三^{재삼}이면 瀆^독이라

瀆則不告^{독즉불곡}26이니 利貞^{이정}하나니라

---

25 몽에 얽힌 단어는 꽤 많다. 童蒙은 어린아이, 啓蒙은 어둠을 밝힌다, 蒙利는 이
로움을 입히다는 뜻이다.

26 운율 때문에 '곡'으로 읽지만, 풀이는 '알릴 고'로 해야 한다.

몽은 형통하니 내가 동몽을 구하는 것이 아니라 동몽이 나를 구하는 것이다. 처음으로 점치거든 알려주고 두 번 세 번 점치면 더럽히는 것이다. 더럽히면 알려주지 않으니 올바르게 하는 것이 이롭다.

교육의 주체는 가르치는 선생이고, 그 대상은 학생이다. 몽괘는 교육을 강조하기 때문에 선생을 위주로 설명하고 있다.[27] 그러니까 선생인 내[我]가 가르칠 어린 제자[童蒙]를 구하는 것이 아니라 배워야 할 동몽이 나(선생)를 구해야 한다라고 말했던 것이다.

학생은 선생에게서 가르침을 받아 사회와 국가의 기둥으로 성장한다. 학생과 선생은 지식과 인격과 믿음관계로 형성된다. 이렇듯이 동양의 교육은 전인교육이 밑바탕으로 작용하고 있는 것이다.

학생이 선생을 신뢰하지 않으며, 교육내용과 인품에 대해 회의한다면 교육의 성과는 전혀 기대할 수 없다. 열심히 가르쳐 주었는데도[初筮告] 불구하고 의심을 내비치면서 자꾸 묻는 것은 선생을 모욕하는 행위이고, 더 나아가 신성한 교육 자체를 모독하는 것이다[再三瀆]. 그런 학생에게는 선생 역시 대응하지 않아도 된다[瀆則不告]는 것이다. 선생과 학생, 부모와 자식, 고용인과 피고용인, 상사와 부하, 장군과 병사, 아내와 남편 등을 비롯하여 모든 인간관계의 기본은 믿음이다.

점占치는 행위의 궁극목적은 신의 일을 아는 것에 있다. 개인의 운명을 미리 알려는 행위는 신에 대한 모독이다. 점의 대상은 질병, 재앙,

---

27 『주역』은 여러 곳에서 교육을 강조한다. 예컨대 山水蒙卦와 山雷頤卦는 순수한 교육이론을, 地水師卦는 정치적 교화원리를, 澤地萃卦와 重風巽卦와 雷山小過卦는 종교적 교화원리를 언급한다.

기후, 추수, 제사, 국가의 흥망성쇠 등의 큰 일이다. 신의 뜻을 묻고 대행하는 사람이 정인貞人이다. 정인은 인간이 판단할 수 없는 내용에 대해서만 최고신인 상제 또는 조상신에게 묻는다. 그만큼 신의 결정은 권위를 가질 수밖에 없는 것이다.

점치는 도구에는 1년생 띠풀과 그 뒤 띠풀의 대용품으로 사용된 대나무가지가 있고, 거북이 등껍질이나 소뼈를 불에 구워서 그 균열상태를 보고 길흉을 판단하는 것이 있다. 후자의 방법으로 점의 내용을 기록한 것이 그 유명한 갑골문이다. 점을 칠 때는 한 번이어야 한다. 자신이 원하는 내용이 아니라고 계속 두세 번 점친다는 것은 신을 의심하고, 점 행위 자체를 모독하는 행위이기 때문이다.

> ☞ 산수몽괘는 유교 교육론의 근거를 제공한다. "어진 자는 산을 좋아하고 지혜로운 자는 물을 좋아한다"는 공자의 발언 역시 몽괘에서 말하는 교육 방법의 하나라고 할 수 있다.

3. 단전 : 유교의 교육은 성인을 지향한다

★ 彖曰 蒙은 山下有險하고 險而止蒙이라
단왈몽   산하유험   험이지몽

蒙亨은 以亨行이니 時中也요
몽형   이형행   시중야

匪我求童蒙童蒙求我는 志應也요
비아구동몽동몽구아   지응야

초 서 고 이 강 중 야 재 삼 독 독 즉 불 고   독 몽
初筮告는 以剛中也요 再三瀆瀆則不告는 瀆蒙일새니

몽 이 양 정 성 공 야
蒙以養正이 聖功也라

단전에 이르기를 몽은 산 아래에 험한 것이 있고, 험해서 그치는
것이 곧 몽이다. '몽이 형통한다'는 것은 형통함으로써 행함이니
어떤 시간의 상황에서도 적중함이요, '내가 동몽을 구하는 것이
아니라 동몽이 나를 구하는 것이다'는 것은 뜻이 응함이요, '처음
으로 점치거든 알려준다'는 것은 강함과 중용으로 실행하는 것이
다. '두 번 세 번 점치면 더럽히는 것이요, 더럽히면 알려주지 않
는다'는 것은 몽을 더럽히기 때문이므로 몽으로써 바른 것을 기
름은 성인의 공로이다.

　산수몽괘의 주연은 선생이고 조연은 학생이다. 2효는 가르치는 선
생이고 5효는 배우는 학생이다. 나[我]는 2효, 학생인 동몽童蒙은 5효
다. 선생에게는 권위가 주어진다. 옛날에는 왕의 아들인 왕자조차도
스승을 사부師傅라고 존경했다. 지금은 스승은 없고 직장인 선생만
판친다. 지위와 돈에 의해 선생의 권위가 손상되어서는 안 된다. 선생
과 학생 사이에는 믿음과 권위와 사랑으로 뭉쳐야 할 것이다.

　몽蒙은 산(☶) 아래에 험한 물(☵)이 있는 까닭에 안으로는 험난해
서 제자리에 맴도는 형국이다. 한 치 앞도 예측할 수 없는 상황에 직면
해서도 '형통한다[蒙亨, 以亨行]'는 것은 무슨 뜻인가? 그것은 '시중時
中'으로 판단하고 실천하기 때문이다. 원형이정에서 '형통[亨]'은 계절
로는 여름에 해당된다. 그것은 사물의 절도성을 뜻하는 예禮의 정신
을 대변한다. 질서에 알맞은 행위를 하기 때문에 형통할 수밖에 없다.

그러니까 온갖 변화 속에서도 올바름을 잃지 않는 실천력이 동반되기 때문에 '시중時中'[28]을 언급한 것이다.

몽은 어리기 때문에 어리석다는 뜻이다. 어찌 할 줄 모르는 무지몽매한 상태가 곧 몽蒙이다. 몽매한 것이 형통하다는 것은 무슨 말인가? 무엇을 어떻게 할지 모를 때는 배우면서 기다리는 것이 최상이다. 먹고 놀면서 시간을 축내는 것이 아니라, 시대상황에 알맞은 덕목을 키우고 시간의 정신(때)에 민감하게 대응하는 삶이다. 그것은 '진인사대천명盡人事待天命'의 자세와 다르지 않다.

『주역』에서 '시중時中'이란 말은 몽괘蒙卦에 한 번 나온다. 나머지는 대부분 '시행時行(시간에 맞는 자연의 변화, 시간에 알맞은 행위, 유효적절한 시간적 상황판단과 실천력)'이란 용어로 많이 쓰인다. 시중이란 「계사전」하편 5장에 나타난 바와 같이 '적절한 시간에 알맞게 움직이기[待時而動]' 위해서는 우선 변화의 기미와 징조를 주도면밀하게 살피는 자세가 필요한 것이다.

배움을 통해 어리석음을 벗어나 마침내 깨어난 사람으로 다시 태어날 수 있다. 원래 어리석음이란 혼자의 노력으로 깨뜨려지는 것이 아니라 훌륭한 선생님의 지도 아래서 이루어진다[蒙以養正, 聖功也]. 교육의 목적과 방법은 모두 '올바름[正]'에 있다. '양정養正'은 인간의 도덕적 품성과 마음과 신체 건강을 현실적으로 올바르게 기른다는 뜻

---

28 '時中'은 언제 물러나고 언제 나아가는 지에 대한 시간의 적절성(timing)에 근거한 행위를 뜻한다. 항상 제때에 맞는 제대로의 행위를 하는 사람은 오직 공자孔子뿐이다. 맹자는 이런 공자의 위대성을 '시간의 본성을 밝힌 성인[聖之時者]'이라고 찬양하였다.

이다. 그래서 맹자는 호연지기浩然之氣를 외쳤던 것이다. 호연지기를 기른다는 것은 곧 건강한 몸으로 건전한 마음을 길러 주체성을 획복하는 길이다[養心, 養性, 養形]. 이를 밝힌 이가 바로 성인이다.

성인은 정치적으로 성공한 제왕이 아니라 인간 삶의 표본을 밝힌 인물이다. 성인은 영원한 생명의 원리를 깨달아 모든 사람들에게 풍요로운 도덕적 삶의 길을 열어준 공로가 있다[聖功]. 한낱 지식의 습득이나 전달에 있는 것이 아니라, 진리는 무엇이고 어떻게 실현하는가를 고민하였다. 성인의 교육관은 언제나 올바른 가치를 가르치는 것, 사람다운 사람이 되도록 하는 것에 목적이 있다. 유가에서는 누구든지 배우면 성인의 경지에 이를 수 있다는 인간의 선천적 도덕성을 중심으로 논의를 전개했던 것이다.

☞ 교육의 목표는 시간의 본성과 작용[時中]을 주체적으로 깨닫는 것에 있다.

---

4. 상전 : 덕을 기르고 과감하게 행동하라

* 象曰 山下出泉이 蒙이니 君子以하여

果行하며 育德하나니라

상전에 이르기를 산 아래에 샘이 솟아나는 것이 몽이니, 군자가 이를 본받아 과감하게 행동하며 덕을 기른다.

공자는 일찍이 어진 이는 산을 좋아하고 지혜로운 이는 물을 좋아
한다[仁者樂山, 知者樂水]고 말했다. 명산의 조건은 산이 높고 계곡이
깊으며 물이 많고 맑아야 한다는 점이다. 몽괘에서 말하는 산수는 단
순히 산과 물을 가리키지 않는다. 깊은 산 속의 옹달샘에 연원한 자그
마한 물줄기가 바다를 이루듯이, 진리의 샘은 확장되어야 마땅함을
뜻한다.

진리의 샘물은 처음에는 어린애 오줌처럼 가느다랗게 시작한다. 이
것이 작은 내를 이루고 다시 소용돌이치는 강물을 이루고, 강물은 모
여 넓디넓은 바다를 이룬다. 물은 갖가지 사연을 안고 위에서 아래로
흐른다. 물은 아무 거침없이 흐르기도 하지만, 거대한 바위에 막혀 돌
아가거나 또는 협곡을 만나서는 모든 것을 휩쓸 듯이 거칠게 숨을 몰
아가면서 흐르기도 한다.

옹달샘물은 높은 산을 넘고 넓은 강을 건너 마침내 바다에 이르는
험난한 과정을 거친다. 이를 본받아 자신의 행동을 과감하고 용기 있
게 결정하며,[29] 수심 깊은 바다를 본받아 덕을 함양한다. 배우기 위해
서는 어떠한 어려움도 이겨야 한다. 특히 과거의 잘못된 인습과 묵은
기운을 과감하게 털어내는 용기[果行]와 더불어 내면의 덕성을 두텁
게 쌓는 공부를 해야 한다.[30] 배움의 목표는 개인의 영달이나 부귀영

---

29 석가는 스스로의 의지에 따라 성불하겠다는 동기를 이끌어내어 자력自力으
로 궁극적 깨달음을 얻었다. 일종의 외재적 카리스마를 지닌 종교적 신봉자에 의
존해서는 안 된다는 것이다. 임제선사臨濟禪師는 "부처를 만나면 부처를 죽여
라"고 제자들에게 가르침을 베풀었다. 석가의 6년 고행苦行을 '과행果行', 성불成
佛을 '육덕育德'으로 해석하는 이도 있다.
30 성인은 지혜의 적음이 아닌 덕의 상실을 근심한다[聖人不患智寡, 患德之有失

화를 찾는 것에 두어서는 안 된다. 덕을 기르는 데는 굼뜨면 안 되고 잽싸게 실천해야 한다.

> ☞ 내면에 잠겨 있는 본성에 근거하여 배우고 가르치며, 배우기 위해서는 어떤 어려움도 이겨내야 할 것이다.

5. 초효 : 칭찬은 교육의 효과를 높이는 처방약

* 初六^은 發蒙^{호되} 利用刑人^{하여} 用說桎梏^{이니}

以往^{이면} 吝^{하리라}

象曰 利用刑人^은 以正法也^라

초육은 어린아이를 계발시키되 사람에게 형벌로 다스려 질곡을 벗김이 이롭다. 형벌로만 계속하면 잘못이다. 상전에 이르기를 '사람에게 형벌을 씀'은 올바른 법을 사용하는 것이다.

어린이를 배움의 길로 인도하여 성숙된 인격자가 되도록 가르쳐야 한다는 당위성과 방법을 제시하고 있다. 초효는 하괘의 맨 아래에 위

焉]. 유가의 성인은 지모보다는 도덕적 가치의 수양을 중요시했다. 세상을 다스리는 지혜가 모자란 것이 결점이지만, 오히려 덕행이 부족한 것이야말로 가장 치명적인 결함이다. 재능만 있고 덕이 없으면 끝내 인생의 방향을 잃고 방황하게 된다. 이런 사람은 남에게도 자기에게도 모두 유해하다. 지혜의 추구도 중요하지만 덕의 육성이야말로 더욱 중요하다. 단순히 지모만을 강조하면 반드시 인애仁愛의 마음을 잃게 되고, 덕이 부족하면 세상일에 너그럽지 못하게 된다." 마수추안/김호림,『멈춤의 지혜』(서울: 김영사, 2005), 25쪽.

치하기 때문에 매우 몽매한 상태이다. 하지만 선생을 상징하는 2효 바로 밑에 존재하는 까닭에 어린이의 계몽은 아주 쉬운 것이다. 발몽發蒙이 곧 계몽啓蒙'인 것이다. 결국 초효는 교육이론의 철학적 근거를 말한다.

무지몽매한 어린이를 일깨우기[發蒙] 위해서 선생님은 처음에는 권위와 위엄으로써 엄한 형벌로 가르치다가[利用刑人] 시간이 흐르면 점차로 발에 채우는 족쇄나 손목을 묶는 쇠고랑을 풀어주어 부드러운 교육 프로그램으로 바뀌나간다[用說桎梏]. 체벌 위주의 교육에서 차츰 전인교육으로 전환해야 교육의 극대화가 가능하다는 발상이다. 고래도 칭찬을 들으면 춤춘다는 말이 있듯이, 회초리에서 칭찬의 언어로 바뀌어야 한다.

규격화된 시간표에 의해 진행되는 엄격한 교육은 일시적인 효과가 엄청 크다. 하지만 시간이 흐를수록 그 효과는 반감된다. 교도소에서 일어난 일이다. 엄한 형벌을 받고 출소한 죄수들이 다시 범죄를 저질러 다시 감옥으로 돌아오는 확률이 80%이 육박한다는 뉴스가 있다. 교도소는 교도소의 안전과 보안을 위해서만 행정을 펼쳤지 정작 죄수들이 사회에 나가 일 할 수 있는 재교육은 실시하지 않아 사회에 적응하는 능력을 키워주지 못했다는 것이다. 그리고 틀에 박힌 정신교육만 했지 감성능력의 향상에는 전혀 힘을 기울이지 않았기 때문에 범죄자가 줄어들지 않았다는 평가이다.

체벌에 의존하는 기간이 길어서는 안 된다. 오히려 학생의 자율성을 드높이고 사랑으로 감싸는 교육이 뒤따라야 한다. 회초리를 들어야 할 때는 회초리를 사정없이 휘둘러야 하고, 칭찬할 때는 아낌없이 칭찬과 상을 주어야 한다. 회초리와 칭찬, 당근과 채찍을 아주 적절히 사용하는 것이야말로 선생의 노하우다. 체벌은 체벌로 끝나야 한다. 체벌은 교육의 수단이지 목적이 되어서는 안 된다. 체벌의 목적은 사람다운 사람으로 키우기 수단으로 사용될 때 아름답다.

'정법正法'은 객관적이고도 보편타당한 정도正道를 뜻한다. 바를 '정正'은 한 일一 자와 그칠 지止의 합성어다. '정正'은 하늘과 땅, 음과 양, 남자와 여자, 선생과 학생, 임금과 백성이 하나로 통일된다는 뜻이다. '법法'은 물 수[氵] 변에 갈 거去 자의 합성어다. 물이 가는 길은 항상 일정하다. 물은 위에서 아래로 흐른다. 정법의 기준은 위에서 아래로 흐르는 물처럼 시공간을 초월한 보편성을 갖추어야 한다.

그러니까 정법正法은 산이 항상 그 자리에 서 있고, 물은 위에서 아래로 흐르는 성질을 닮은 몽괘의 형상과 똑같다. 공자는 만물의 다양한 법칙을 하나로 꿰뚫었다[吾道一以貫之]라고 했는데, 그것이 바로 생명의 법칙인 '인仁'이다. 인仁은 온유하고 포근하고 어질며 사랑으로 만물이 이루어졌다는 의미로 확대된다.

☞ 몽괘 초효는 동양 교육철학의 이론적 근거를 제시한다.

6. 2효 : 교육의 생명은 사랑

★ 九二는 包蒙이면 吉하고 納婦면 吉하리니 子克家로다

상 왈 자 극 가　강 유 접 야
象曰子克家는 剛柔接也라

구이는 몽매한 사람을 포용하면 길하고, 부인을 받아들이면 길하
리니, 자식이 집을 다스리도다. 상전에 이르기를 '자식이 집을 다
스린다'는 것은 강과 유가 교접함이다.

　2효는 몽괘의 주인공[主爻]이다. 또한 내괘의 중용[中]으로 뛰어
난 실력과 훌륭한 인품을 지닌 선생을 표상한다. 그리고 2효는 5효
와 상응할 뿐만 아니라 주위의 초효와 3효와 4효를 포용하여 교화하
면 길하다[包蒙吉]. 특히 유순한 5효를 아내로 맞이하면 더욱 길하다
[納婦吉].

　'포몽包蒙'은 선생님이다. 선생의 지도는 크게 둘로 나눌 수 있다. 계
란을 병아리로 부화시키는 선생이 있고, 또 하나는 병아리를 어미닭
까지 기르는 선생이 있다. 계란을 병아리로 깨우는 선생님을 '포몽包
蒙'이라 하고, 병아리를 어미닭으로 만드는 선생님을 상효의 '격몽擊
蒙'이라 부른다. 그러니까 2효의 포몽包蒙은 진리에 눈뜨게 하고, 상효
의 격몽擊蒙은 진리[道]를 터득하게 하는 방법이라 할 수 있다. 진리에
통하게 하려면 채찍이 필요하다. 이것이 격몽이다. 2효는 한없이 따스
하게 포용한다. 이렇게 포몽과 격몽은 같은 선생이지만 그 성격이 전
혀 다르다.[31]

　어린이는 사랑으로 감싸 키워야 한다. 어려서 사랑을 많이 받은 이
가 남에게 사랑을 듬뿍 줄줄 안다. 교육은 인생의 성장과정과 일맥상
통한다. 아버지가 할아버지의 뜻을 잇고, 아들이 아버지의 뜻을 이어

---

31 김홍호, 앞의 책, 128쪽. 참조.

받아 다시 자식에게 전해주는 것이 우리네 인생살이다. 아들이 아버지에게 가는 것이 아니라, 아버지가 아들에게 오는 것이다(2효가 5효에게 일방적으로 나아가는 것이 아니라, 오히려 2효가 5효를 맞아들이는 형태). 그래서 사랑은 '내리사랑'이라 했다. 사랑은 자식과 손자에게 내려가는 것이지, 위로 올라가는 것이 아니라는 것이다. 위로 올라가는 것은 효도이다.

몽괘는 장가들어 가정을 이루는 이치[納婦^{납부}]을 말하고 있다. 그것은 남녀가 성장하여 집안을 다스린다[子克家^{자극가}]는 것과 같다. 내괘의 중도[中^중]를 얻은 양효인 2효가 외괘의 중도[中^중]를 얻은 음효인 5효와 결혼하여 세대주가 되어 책임지고 가정을 꾸린다는 뜻이다.

☞ 중용이 전제된 포용력은 교육의 황금률이다.

7. 3효 : 교육의 가치는 옳음[正^정]에 있다

* 六三^{육삼}은 勿用取女^{물용취녀}니 見金夫^{견금부}하고 不有窮^{불유궁}하니 无攸利^{무유리}하니라

象曰 勿用取女^{상왈 물용취녀}는 行^행이 不順也^{불순야}라

육삼은 여자를 취하지 말 것이니 돈 많은 남자를 보고 자기 몸을 보존하지 못하면 이로울 바가 없다. 상전에 이르기를 '여자를 취하지 말라'는 것은 행실이 순응하지 않는 것이다.

3효는 음이 양陽의 위치에 있기에 실위失位(존재론적, 가치론적 부정

위不正位)한 까닭에 중용[中]을 얻는 데 실패했다. 중中과 정正을 동시에 확보하지 못했으므로 행실이 올바르지 못한 여자와 같기 때문에 현모양처로서는 부적격이다. 마치 2효[金夫]를 타고 있는 형상이므로 돈 많은 남자에게 몸을 맡겨도 스스로를 지키지 못하므로 결국 이로울 게 없다는 뜻이다.

3효는 외괘와의 대응관계를 살펴 상효에 의지해야 한다. 3효는 내괘(☶)의 중정中正을 벗어났기 때문에 자신의 몸단속에 겨를이 없고[不有窮], 시간 많고 돈 많은 이웃인 2효에게 눈웃음치는 꼴이다. 원래 2효는 돈 많은 사람이 아니다. 다만 3효의 험난한 상태에서 보니까 2효가 졸부로 보이는 것이다.[32] 자기 파트너인 상효와 짝을 이루어야 함에도 불구하고 곁에 있는 2효에게 쉽게 마음을 준다. 결국에는 몸까지 망치고 만다[无攸利]. 정숙보다는 물질적 가치를 채우려는 여자는 가까이 해서 안 된다는 것을 강조하고 있다. 자격상실이다.

몽괘의 여섯 효 중에서 유독 3효에서만 '몽蒙'이라는 글자가 없다. 3효의 여자를 취하지 말라고 권고한 것은 그 행실이 불순하기 때문이다. 그만큼 깨우치고 가르칠 만한 자질이 부족했다는 뜻이다.

☞ 중용을 벗어나면 자기 몸단속하기에도 바쁘다

---

32 『易程傳』, "三以陰柔處蒙闇, 不中不正, 女之妄動者也. 正應在上, 不能遠近, 近見九二, 爲群蒙所歸, 得時之盛, 故捨其正應而從之, 是女之見金夫也. 女之從人, 當由正體, 乃見人之多金, 說而從之, 不能保有其身者也, 无所往而利矣."

8. 4효 : 선생과 제자 없는 인생은 고독하다

* 六四_는 困蒙_{이니} 吝_{토다}

象曰 困蒙之吝_은 獨遠實也_라

육사는 곤궁한 몽이니 인색하도다. 상전에 이르기를 '곤궁한 몽이 인색함'은 홀로 그 본질에서 멀리 떨어져 있는 것이다.

나무 한 그루가 사방이 꽉 막힌 공간에서 더 이상 쑥쑥 자라지 못하는 이미지가 바로 '곤困[口＋木 = 困]이라는 글자다. 4효는 음이 음 자리에 있지만, 초효와 상응하지 못하고 양효(2효와 상효)와도 이웃하지 못하기 때문에 매우 곤혹스런 처지에 놓여 있는 형세이다.

이런 경우가 바로 친척이나 친구도 없이 처량하기 짝이 없는 외톨이 신세이다. 세상에는 자폐아가 되고 싶어 되는 사람은 그 누구도 없다. 자폐증은 대인기피증으로 연결되기 쉽다. 그러니까 외로움만이 동반자일 수밖에 없다. "아내를 가지면 물건을 나누어야지만 친구를 사귀면 얻는 것이 많아진다"는 속담이 있듯이, '반갑다! 친구야!'를 외칠 수 있는 기쁨이 최고다.

몽괘에서 오직 2효만이 남을 가르칠 수 있는 선생님 구실을 할 수 있다. 4효는 어둡고 나약하고 또한 2효로부터 가장 멀리 떨어져 있다 [獨遠實]. 상응관계를 형성하는 초효 역시 음이므로 실제적인 도움을 주지 못한다. 아주 답답한 처지이다. 곤몽困蒙은 고독한 인생이다.

9. 5효 : 마음의 문을 열고 가르치고 배워야

* 六五_는 童蒙^{이니} 吉^{하니라}
육 오　동 몽　길

* 六五는 童蒙이니 吉하니라
（육오　동몽　길）

象曰 童蒙之吉은 順以巽也일새라
（상 왈 동 몽 지 길　순 이 손 야）

육오는 어린 몽이니 길하다. 상전에 이르기를 '어린 몽이 길함'은
순응하고 공손하기 때문이다.

5효는 음의 자격으로 외괘의 중中에 있다. 비록 '중'의 위상을 확보
하고 있으나, 음인 까닭에 내괘 2효와 화합하여 협조를 구해야 한다.
높은 자리에 있으면서도 아래에 있는 선생님의 가르침을 받아 공손하
게 따르니 동몽童蒙의 자격[33]을 갖추어 또한 길하다.

2효와 5효는 선생과 학생의 관계이다. 그들은 권위와 믿음으로 맺어
진 아버지같은 선생, 자식같은 제자이다. 혈연으로 얽힌 관계가 아니
라 마음으로 소통하는 관계이다. '따를 순順'은 신뢰가 없으면 성립되
지 않는다. 그렇지 않으면 돈이나 권력에 따라 움직이는 복종일 따름
이다. 공손할 '손巽'은 바람[風]이다. 바람은 하늘과 땅이 살아 있음을

---

33 5효의 '童蒙'에 대한 해석은 두 가지이다. 하나는 '어리고 어리석은 자', 다른
하나는 '가장 으뜸가는 제자'이다. 여기서는 후자이다. 왜냐하면 주역의 논리는
단독적으로 풀이해서는 안 되고, 상응관계를 살펴 해석해야 하기 때문이다. 그래
서 程伊川도 '舍己從人, 順從也'라고 했다.

증거하는 에너지의 흐름이다. 우리말에서 '바람난다'는 것은 서로가 마음의 문을 열어open mind 의사소통함을 뜻한다.

순종이 최고의 덕목이라면, 교만은 최대의 죄악이다. 순종은 마음의 행복을 가져다주지만, 교만은 불행으로 이끄는 원흉이다. 2효는 가르치는 주체이며, 5효는 가르침을 받는 또다른 주체이다. 그러니까 2효에서는 '포몽包蒙'이라 했으며, 5효에서는 '동몽童蒙'이라 했던 것이다. 동몽이 길한 까닭은 순종으로 공손하기 때문이다.

> ☞ 스승과 제자는 인격의 소통이 먼저이고 지식은 나중이다.

10. 상효 : 교육의 콘텐츠는 자연의 이치에 의거해야

상구   격몽   불리위구   이어구
* 上九는 擊蒙이니 不利爲寇요 利禦寇하니라

상왈 이용어구   상하순야
象曰 利用禦寇는 上下順也라

상구는 몽매한 어린이를 깨우침이니 도적이 됨은 이롭지 않고 도적을 막음이 이롭다. 상전에 이르기를 '도적을 막음이 이롭다'는 것은 상하가 순리를 따름이다.

상효는 양이 맨 위에 있다. 몽매한 학생을 일깨우는 방법이 지나치게 강력함을 상징한다. 안으로는 나약한 음들을 엄정하게 다스려 도적에 협조하지 않도록 하며, 밖으로는 도적으로부터 보호해야 한다. 내부적으로 양인 2효가 선생으로서 나머지 음들을 가르치고, 외부적으로는 양인 상효가 밖으로부터 죄악을 일으키는 본능의 유혹에 빠지지 않도록 하여 내외가 일치되는 훈육이 성공하도록 한다. 교육은 가르치는 선생과 배우는 학생이 서로 의기투합하여 정진하는 것이 성공의 지름길이다.

몽괘는 2효와 상효는 훈장이고, 나머지 음효들은 학생이다. 선생이 회초리를 들고 엄하게 가르치는 것은 학생을 위한 것이지, 선생 자신의 권위를 내세우기 위해서가 아니다. 이처럼 몽괘는 네 종류의 학생과 두 종류의 선생으로 교육을 설명한다.[34] 선생은 학생이 자신을 능가하기를 바라고, 학생은 선생을 뜻을 받드는 것을 자신의 목표로 삼아 열심히 배워야 한다. 이러한 '윈윈Win-Win 작전'이야말로 교육의 숭고한 목적이 아니겠는가.

교육이 성공의 지름길인 까닭에 상효에서조차 '위 아래가 서로 소통한다[上下順]'는 유교의 최고의 이상경계를 제시하고 있다. 몽괘에 등장하는 교육론은 동양의 지식인에게 곧바로 영향을 미쳤다. 예컨대 주희朱熹(1130~1200)는 『역학계몽易學啓蒙』을 지어 역의 세계를 쉽게

---

34 김흥호, 앞의 책, 133-134쪽. "맨 처음의 發蒙, 이어서 包蒙, 특별한 이름은 없지만 돈에 미쳐서 세상에 빠진다 해서 金蒙, 그리고 困蒙, 童蒙, 擊蒙 등이 있다. 옛날부터 선생이 엄하면 擊蒙이라 해서 그 사람을 타일렀고, 학생 중에서 가장 좋은 학생은 童蒙이라 불렀다. 가장 불쌍한 학생은 困蒙, 세상의 부귀영화를 탐하는 학생은 金蒙이라 했다. 그리고 형벌을 받는 학생은 發蒙이라 했다. 진정한 선생이 되려면 '山下出泉'의 모습에서 찾아야 한다. 자기 속에서 진리의 말씀이 샘물처럼, 강처럼 흘러야 한다. 그래서 '山下出泉'이라 했던 것이다. 옛날 선생들의 이름에는 '山'이라는 글자가 많았다. 산이란 자기의 입장을 확실하게 가지는 것을 말한다. 공자가 '三十而立'한 것처럼 확실한 입장을 가지는 것이 山이다. 山水라는 두 글자 속에 선생의 모든 비밀이 다 들어 있다."

접근하도록 유도했고, 우리나라 율곡은 『격몽요결擊蒙要訣』을 지어 공부의 요체와 방법을 상세히 제시했던 것이다.

> ☞ 학생들이여, 회초리를 두려워말라!

11. 주역에서 정역으로

정역사상의 연구자 이상룡李象龍은 몽괘의 성격을 다음과 같이 설명한다.

몽 치 야 매 야
蒙은 穉也요 昧也라

고 재 문 종 초 종 총   총 몽 통 유 야
故在文從艸從冢이니 冢蒙通幼也라

초 시 출 지 상   치 매 둔 난 지 의 야
艸始出地上일새 穉昧屯難之義也라

위 괘 수 출 산 하   몽 매 이 미 유 소 지 자
爲卦水出山下하니 蒙昧而未有所之者가

도 수 지 세 야
導水之世也라

수 성 취 하   만 절 우 귀 자
水性就下하여 萬折于歸者니

천 하 문 명 이 형 통 지 시 야
天下文明而亨通之時也라

부 몽 미 심 험　　즉 료 송 기　　문 명 이 직
夫蒙昧心險하면則鬧訟起고文明易直하면

즉 부 대 청 송 이 자 무　　　몽 소 이 차 송 야
則不待聽訟而自无하니라蒙所以次訟也라

"몽는 어림이요 어두운 것이다. 문자로는 풀 초艸와 무덤 총冢이
므로 무덤과 어림은 어린애와 통한다. 풀이 땅 위에 처음 나올 때
는 어리고 어둡기 때문에 어렵다[屯難]는 뜻이다. 괘로는 물이 산
아래서 나와 어리고 어리석어 가는 바가 없어 물이 이끄는 대로
가야 하는 시기이다. 물의 본성은 아래로 내려와 만 번 꺾여도 돌
아갈 곳으로 돌아가므로 천하 문명이 형통하는 시간대를 말한다.
대저 어리고 어두우면 마음이 위태로워져서 시끄러운 송사가 일
어나고, 문화가 밝아서 쉽고 곧으면 소송을 듣기를 기다리지 않아
도 저절로 없어진다. 그래서 몽괘가 송괘 다음인 것이다."

단 왈 몽　 형　　비 아 구 동 몽
彖曰蒙은亨하니匪我求童蒙이라

동 몽　 구 아　 명 지 재 아 야
童蒙이求我는明之在我也라

몽 이 양 정　 성 신 지 심 법 야
蒙以養正은聖神之心法也라

* 단전- "몽은 형통하니 내가 동몽을 구하는 것이 아니라 동몽이
나를 구하는 것"은 밝히는 것이 나에게 있다는 뜻이다. '몽으로써
올바른 것을 기름'은 성신聖神의 심법이다.

상 왈 군 자 이　 과 행　 육 덕　　　일 신 우 신 야
象曰君子以하여果行하며育德하나니라는日新又新也라

* 상전- "군자가 이를 본받아 과감하게 행동하며 덕을 기른다"는
것은 날마다 새로워지고 또 새로워지는 것을 뜻한다.

초육　발몽　이용형인　용탈질곡
初六은 發蒙호되 利用刑人하여 用說桎梏은

형조지화　유어용형야
刑措之化에 由於用刑也라

* 초효-"어린아이를 계발시키되 사람에게 형벌로 다스려 질곡을 벗김이 이롭다"는 말은 형벌로 다스리는 교화는 형벌을 사용하는 것에서 비롯한다.

구이　포몽　길　납부　길　　자극가
九二는 包蒙이면 吉하고 納婦면 吉하리니 子克家로다는

함홍광대　　처자호합야
含弘光大하여 妻子好合也라

* 2효-"몽매한 사람을 포용하면 길하고, 부인을 받아들이면 길하리니, 자식이 집을 다스리도다."라는 말은 내적으로 머금는 것은 한없이 넓고 외적으로 빛나는 것은 지극히 커서[含弘光大]35 아내와 자식의 좋은 화합을 뜻한다.

육삼　물용취녀　견금부　불유궁　무유리
六三은 勿用取女니 見金夫하고 不有躬하니 无攸利하니라는

여자지실절야
女子之失節也라

* 3효-"여자를 취하지 말 것이니 돈 많은 남자를 보고 자기 몸을 보존하지 못하면 이로울 바가 없다." 여자가 정절을 잃은 것을 말한다.

육사　곤몽　인　　국암수린야
六四는 困蒙이니 吝토다는 局暗羞吝也라

---

35 『주역』 곤괘, "象曰 至哉라 坤元이여 萬物이 資生하나니 乃順承天이니 坤厚載物이 德合无疆하며 含弘光大하여 品物이 咸亨하나니라"

* 4효-"곤궁한 몽이니 인색하도다"라는 것은 형편이 어두워 부끄럽고 인색한 것을 뜻한다.

六五는童蒙이니吉하니라는賴下也라
<small>육 오 동 몽 길 뢰 하 야</small>

* 5효-"어린 몽이니 길하다"는 말은 아래를 신뢰하는 것을 뜻한다.

上九는擊蒙이니不利爲寇요利禦寇하니라는
<small>상 구 격 몽 불 리 위 구 이 어 구</small>

嚴猛得宜하여乃有歸義也라
<small>엄 맹 득 의 내 유 귀 의 야</small>

* 상효-"몽매한 어린이를 깨우침이니, 도적이 됨은 이롭지 않고 도적을 막음이 이롭다." 엄하고 용감하여 마땅함을 얻는 것이 곧 의리로 돌아가는 것을 뜻한다.

地澤臨卦

임臨은 위에서 아래를 내려다 보다、윗사람이 아
랫사람에게 은혜를 베풀기 위해 살펴보다는 뜻이
다。임괘는 위가 땅、아래는 연못으로 이루어져
있다。그것은 하늘의 섭리가 땅에서 완수된다는
뜻과 함께 지상에 하늘의 축복과 영광이 임한다는
메시지다。

Chapter 3

지택임괘地澤臨卦
질곡으로부터의 해방

1. 땅의 축복은 어디서 오는가 : 임괘

정이천은 산풍고괘山風蠱卦(䷑) 다음에 지택임괘(䷒)가 오는 이유
를 다음과 같이 말한다.

★ 臨_은 序卦_에 有事而後可大_라 故受之以臨_{이라 하니라}

臨者_는 大也_요 蠱者_는 事也_니 有事則可大矣_라

故受之以臨也_라

韓康伯云可大之業_이 由事而生_{이라 하니라}

二陽方長而盛大_라 故爲臨也_라

위괘택상유지　　택상지지　안야
爲卦澤上有地하니 **澤上之地**는 **岸也**니

여수상제　　임근호수　고위임
與水相際하여 **臨近乎水**라 **故爲臨**이라

천하지물　밀근상임자막약지여수
天下之物이 **密近相臨者莫若地與水**라

고지상유수즉위비　택상유지즉위임야
故地上有水則爲比요 **澤上有地則爲臨也**라

임자　임민임사범소임개시
臨者는 **臨民臨事凡所臨皆是**로되

재괘　취자상임하　임민지의
在卦엔 **取自上臨下**하니 **臨民之義**라

임괘는 「서괘전」에 '일이 있은 뒤에 클 수 있으므로 임괘로 이어
받았다'라고 했다. 임은 큼(위대함)이요, 고는 일이니 일이 있으면
클 수 있기 때문에 임괘로 받은 것이다. 한강백이 말하기를 '큰 사
업은 일로 말미암아 생긴다'라 했다. 두 개의 양이 바야흐로 자라
나 성대하기 때문에 임이라 한 것이다. 괘의 형성은 연못 위에 땅
이 있으니, 연못 위의 땅은 강기슭이니 물과 서로 마주쳐 물에 임
하여 가까이 있는 까닭에 임이라 한 것이다. 천하의 사물이 가깝
게 서로 임한 것은 땅과 물만한 것이 없다. 그러므로 땅 위에 물이
있으면 비괘가 되고, 연못 위에 땅이 있으면 임괘가 되는 것이다.
임은 백성에게 임하고 일에 임하는 것이니, 무릇 임하는 것이 모
두 해당되는데, 괘에서 위로부터 아래에 임함을 취하였으니 백성
에게 임하는 뜻이다.

　임臨은 '위에서 아래를 내려다 보다', '윗사람이 아랫사람에게 은혜
를 베풀기 위해 살펴보다'는 뜻을 지닌 글자다. 상괘는 땅(☷), 하괘는
연못(☱)이다. 하늘의 원리가 땅에서 이루어지는 메시지를 전달하는

것이 『주역』의 가르침이라면, 땅의 세계에 하늘의 축복과 영광이 임한다는 이치가 담긴 것이 바로 임괘의 뜻이다. 땅의 넘치는 포용력이 아래에서 기쁨으로 넘쳐나는 형상이 바로 임괘이다.

『중용』은 '임'을 다음과 같이 설명한다. "(성인은) 총명하고 예지로와서 천하에 임할 수 있고, 너그럽고 온유하여 만물을 포용할 수 있고, 굳건하고 강직하여 의지를 굳게 할 수 있고, 재계하고 장엄하여 중용에 알맞아 공경을 받으며, 조리있게 살펴서 명쾌하게 분변할 수 있다. (성인은) 지극히 넓고 한없이 깊어 때때로 그 모습을 드러낸다. 지극히 넓은 것은 하늘과 같고, 깊은 근원으로 솟아나는 것은 연못과 같다. 모습을 나타내면 공경하지 않는 이가 없고, 말하면 믿지 않는 이가 없으며, 실행하면 기뻐하지 않는 이가 없다. … 배와 수레가 도달하는 곳, 사람의 힘이 미치는 곳, 하늘이 덮어 주는 곳, 땅이 싣고 있는 곳, 해와 달이 비추는 곳, 서리와 이슬이 내리는 곳, 어디든지 혈기가 있는 것이라면 받들어 존중하지 않음이 없다. 그러므로 하늘에 짝하는 것은 오직 천하의 지극한 정성이라야 가능하다."[35] 유교의 성인은 하늘의 진리를 깨달아 현실역사에 뿌리내리는 존재이다. 낮은 곳의 사람을 총명과 예지력, 포용력과 온유함으로 일깨워주는 인물이 바로 성인이다.

---

35 『中庸』5편. "唯天下至誠이어야 聰明睿知하야 足以有臨也하고 寬裕溫柔하야 足以有容也하고 發强剛毅하야 足以有執也하고 齋莊中正하야 足以有敬也하고 文理密察하야 足以有別也니라 溥博淵泉하여 而時出之니라 溥博은 如天하고 淵泉은 如淵이니라 見而民莫不敬하며 言而民莫不信하며 行而民莫不悅이니라 … 舟車所至와 人力所通과 天之所覆와 地之所載와 日月所照와 霜露所墜에 凡有血氣者가 莫不尊親하니 故로 曰配天은 唯天下至誠이라야 爲能이니라."

절대자에 대한 종교적 경건성과 그 은혜를 강조하는 정역사상은 이 하늘과 땅을 주재섭리하는 상제의 강림을 '조림照臨'이라고 표현했다. 상제는 이 세상에 강림할 때 선물을 휴대하고 왔다. 그것은 새로운 진리의 출현과 새로운 하늘과 땅의 시작[己位親政]이 바로 그것이다.

2. 임괘 : 천지 원리를 들여다보고 흉을 대비하라

★ 臨은 元亨하고 利貞하니 至于八月하얀 有凶하리라

임은 크게 형통하고 올바름이 이로우니, 8월에 이르면 흉함이 있을 것이다.

임괘에서 가장 돋보이는 대목은 건괘乾卦처럼 괘사에 '원형이정'이 등장하는 점이다. 하늘의 질서가 땅에서 펼쳐질 때는 길흉[貞 + 凶]이 함께 드러나는 이유는 무엇일까? 이를 선후천의 시각에서 신의 강림에 의한 축복과 심판이 일어나는 사건으로 보면 쉽게 알 수 있다. 원형이정과 인의예지가 그대로 펼쳐지는 세계는 인류의 영원한 꿈이다. 임괘는 원형이정의 세계가 과거와 현재 또는 미래에 펼쳐진다고 말한 것이다.

『주역』에서 구체적인 캘린더 용어가 등장하는 것은 임괘가 처음이다. 임괘에서 말하는 8월의 본질적인 의미는 무엇인가? 이에 대한 해석은 매우 다양하다. 점친 결과로 보는 경우와, 음력 7월로 보는 경우,[36] 임괘로부터 8번째 달이라는 경우가 그것이다. 그리고 역학의 발전사

---

36 『주역본의』, "或曰八月, 謂夏正八月"

에서 등장한 소식괘消息卦 이론으로 풀이하는 경우가 있다.

맹희孟喜는 한대역학에서 괘기설卦氣說을 창도한 인물이다. 그는 괘상으로 1년 절기변화와 그것에 대응한 인간사의 길흉을 판단하였다. 그가 창안한 12 벽괘辟卦로 1년 12월을 대표하는 이론이 바로 12월 괘기설이다. 12벽괘의 순서를 정리하면 다음과 같다.

① 24번 지뢰복괘地雷復卦(11월 : ䷗) → ② 19번 지택임괘地澤臨卦(12월 : ䷒) → ③ 11번 지천태괘地天泰卦(정월 : ䷊) → ④ 34번 뇌천대장괘雷天大壯卦(2월 : ䷡) → ⑤ 43번 택천쾌괘澤天夬卦(3월 : ䷪) → ⑥ 1번 중천건괘中天乾卦(4월 : ䷀) → ⑦ 44번 천풍구괘天風姤卦(5월 : ䷫) → ⑧ 33번 천산돈괘天山遯卦(6월 : ䷠) → ⑨ 12번 천지비괘天地否卦(7월 : ䷋) → ⑩ 20번 풍지관괘風地觀卦(8월 : ䷓) → ⑪ 23번 산지박괘山地剝卦(9월 : ䷖) → ⑫ 2번 중지곤괘重地坤卦(10월 : ䷁)

소식괘 이론은 매우 합리적인 체계를 갖추고 있다. 11월 동짓달에 하나의 양이 생겨나고, 12월 섣달에는 양기가 하나 더 보태지기 시작하여 4월에는 양기운이 꽉 찬다. 5월에는 하나의 음이 생겨나기 시작하여 10월이 되면 음기운이 꽉 찬다. 이처럼 1년 4계절은 음양법칙에 한 치의 오차도 없이 돌아간다는 천문학 이론과 『주역』이 결합하여 나타난 것이 곧 괘기설이다.

괘사에 나타난 '8월'은 도표가 가리키는 관괘인가, 아니면 음력 7월인 비괘의 세월을 가리키는가? 임괘는 계절로 보면 섣달이다. 그런데 8월에 해당되는 관괘(䷓)는 임괘(䷒)와 정반대의 형상이다. 임괘를 뒤집어엎으면 관괘이다. 동짓달과 섣달을 거치면서 양이 점차 솟구친다.

순양의 건괘를 정점으로 음이 하나씩 생기면서 양은 점점 소멸되어 어두워지기 시작한다. 어둠은 죽음의 세계로서 흉하다. 흉을 미리 대비하라는 풀이가 전통적 견해였다. 길과 흉은 서로 기대어 있다. 기존의 해석은 밝음과 어둠이 교차하면서 밤낮이 둥글어가는 것처럼 인생사도 길흉이 교체한다는 것이다.

임괘가 12월이면, 8월은 관괘이다. 임괘臨卦(䷒)의 형상을 ½로 축소시키면 진震(☳)이 된다. 바꾸어 말하면 진괘의 곱절은 대진大震(䷲)이 된다. 관괘觀卦(䷓)의 형상을 ½로 축소시키면 간艮(☶)이 된다. 간괘의 곱절은 대간大艮(䷳)이 된다. 이는 『주역』을 관계론적 입장에서 보는 견해이다. 그것을 선후천론의 시각에서 정리한다면, 선천 문왕팔괘도의 동방 진괘가 후천 정역팔괘도의 간괘로 변화하는 것을 암시한다.

임괘에서 8번째 괘는 천지비괘天地否卦이다. "8월을 月曆의 8월로 보지 말고 臨^임으로부터 쳐서 여덟째 달, 즉 月曆^{월력} 7월로 보는 것이 옳을 것이다. 그래야 (정역의) '歌頌七月章^{가송칠월장}'이라든지 '流火六月^{유화유월}'이라든지에 표시되어 있는 그 달과 일치한다. '有凶^{유흉}'은 大有의 달 즉 선천 幾望^{기망}의 달이 이에 이르러 완전히 사라지고 豫朔^{예삭}의 달 즉 후천 皇中^{황중}의 달이 돌아 오름을 말한 것이라 하겠다. 이 현상을 선천월의 입장에서 보아 '消不久也^{소불구야}'라 한 것이다."[37]

'가송칠월장歌頌七月章'[38] 은 주공이 지었다고 알려진 『시경詩經』

---

37 이정호, 『周易正義』(서울: 아세아문화사, 1980), 39쪽.
38 『正易』「十五一言」 "金火四頌"의 '歌頌七月章一篇하고'

「빈풍豳風」의 "7월이라 화성은 기울고, 9월이면 겨울옷 장만하네. 동지달에는 매서운 바람, 섣달에는 추위 오네[七月流火, 九月授衣, 一之日觱發, 二之日栗烈]"에 나온다. 그리고 '유화유월流火六月'은 김일부가 『정역正易』「일세주천율려도수一歲周天律呂度數」라는 글을 마무리 지은 '해는 甲申(1884년) 6월 7일[己卯] 북두칠성의 정령인 칠원성군은 쓰노라[歲甲申 流火六月 七日, 大聖七元君, 書]'에 전거한다. 김일부는 7월을 왜 6월이라고 했을까? 1884년은 5월이 윤달이기 때문에 유화流火[39] 유월六月은 실제로는 7월을 가리킨다.

김일부는 왜 7월을 강조했는가? 정역사상은 선후천론이다. 선후천론은 시간론이 핵심이다. 정역의 시간론은 캘린더 구성근거의 전환을 해명한 것에 있다. 캘린더 구성근거의 전환은 달력 구성의 변화로 나타난다. 김일부는 그것을 하도와 낙서의 금화교역에서 찾는다. 금화교역이란 남방(2·7)과 서방(4·9)의 교체에 의해 일어난다. 이는 정역괘도에서 2천7지[二天七地]의 형상으로 반영되는 까닭에 그것은 새로운 시공간의 틀이 수립됨을 시사한다.

---

39 '流火'의 풀이는 두 가지가 있다. ① 28宿 중에 心宿를 大火心星이라 하여 어느 때는 음력 7월이 되면 초저녁에 南中에 위치하여 서녘으로 흘러가는 장관을 '七月流火'라 한 것을 『詩經』이 읊은 것이다.(권영원, 『정역구해』서울: 경인문화사, 1983, 145쪽) 이는 정역의 입장이다. ② '七月'의 시는 모두 夏正[하나라의 달력]을 쓰고 있다. 북두칠성은 선회하면서 차례로 12辰을 가리킨다. 하력에서 북두칠성이 寅을 가리킬 때를 정월로 하고, 建卯를 2월, 建辰을 3월로 하였다. 태양력보다 한 달 이상이 늦다. 火는 별의 이름으로 火星을 뜻한다. 화성은 6월에 정남에 나타나 7월이 되면 점차 서쪽으로 이동한다. 이것을 흘러내린다고 했던 것이다.(이가원 감수, 『詩經』서울: 홍신문화사, 1986, 277-278쪽 참조) 이는 천문학을 기초로 한 견해이다.

임괘에서는 만물의 새로운 창조와 최고신의 강림에 의해 신천지가 펼쳐지는 것을 암시하기 때문에 건괘의 이상형인 원형이정이 나타난 것이다. 특히 '넘치는 양이 사라질 날이 멀지 않다[消不久也]'는 것은 음양의 불균형을 뜻하는 '삼천양지參天兩地'의 양 셋에서 하나가 소멸되어 음양의 균형이 이루어지는[調陽律陰] 현상을 언급한 대목이다.

> ☞ 최고신의 강림에 의해 만물의 새로운 창조가 이루어지는 것을 시사하므로 건괘의 '원형이정'이 나타난다.

3. 단전 : 누구도 천명을 거부할 명분이 없다

> * 단왈임   강침이장   열이순   강중이응
> 彖曰臨은 剛浸而長하며 說而順하고 剛中而應하여
> 대형이정   천지도야
> 大亨以正하니 天之道也라
>
> 지우팔월유흉   소불구야
> 至于八月有凶은 消不久也라

단전에 이르기를 임은 강이 점점 자라며, 기뻐하고 순응하며, 강이 중에 있고 부응하여 크게 형통하고 올바르니 하늘의 도이다. '8월에 이르면 흉함이 있다'는 것은 사라져서 오래가지 못함이다 (사라질 날이 멀지 않다).

임괘는 네 개의 음과 두 개의 양으로 이루어졌는데, 점차 양[剛]이 증가하는 형상이다. 안으로는 기쁨이 넘치고 밖으로의 포용력이 무한 함을 표상한다. 하괘는 기쁨[兌], 상괘는 하늘의 원리에 순응[順]하는

땅의 수용성을 뜻한다. 또한 2효의 양이 하괘의 중도를 얻으면서 5효와 서로 상응하는 모습이 무척 정겹다.

하괘에서 하나의 음(3효)이 양으로 변하면 연못이 하늘로 바뀐다. 즉 지천태의 형상으로 전환되는 것이다. 양기운은 위로 올라가고, 음기운은 아래로 내려와 음양의 조화가 이루어진다. 그러니까 안으로는 기쁘고, 밖으로는 모든 사물을 받아들일 수 있다. 그래서 「단전」은 '대형이정大亨以正'이라 했다. 대형이정은 원형이정의 현실적 전개를 뜻한다. 원형이정의 시공간적 원형이 바로 대형이정인 것이다. 원형이정이 천도의 원형이라면, 대형이정은 천도에 대한 지도의 현실태인 것이다.

원元 = 대大, 형亨 = 형亨, 이利 = 이以, 정貞 = 정正이라는 등식이 성립한다. 천도는 '크게 형통하여 올바르게 된다'는 동사Verb의 의미로 새겨야 할 것이다. 원형이정이 입체적 구조라는 뉘앙스가 많이 풍긴다면, 대형이정은 창조적 역동성이 강조되는 개념이다. 천도는 마냥 4상[四象]의 미학적 구조로 구성되었다는 것이 아니라, '크고, 형통하고, 이롭고, 올바르게' 발전하는 긍정과 희망의 논리가 배태되어 있는 것이다.

"'8월에 이르면 흉함이 있다'는 것은 사라져서 오래가지 못함이라 (사라질 날이 멀지 않다)[至于八月有凶, 消不久也]"라는 명제에 대해서 과거의 주석들은 한결같이 '잘 모르겠다'는 말로 발을 뺀다. 인간사의 흉을 내리는 주체는 하늘이다. 하늘이 내리는 명령은 거부할 명분과 힘이 없다. '8월'은 험난한 시기를 상징한다. 변혁의 시기이므로 대비를 철저히 하라는 경고문이다. 인생이 고통의 바다라면, 『주역』에서 말하는 큰 내[大川]는 험난한 고통의 바다를 건너야 하는 의식의 강, 혹은 시공간의 강이다. 자연의 변화와 마음 안팎의 온갖 고비를 잘 넘겨야 한다고 가르친다.[40]

> ☞ 주역에서 말하는 큰 내[大川]은 인생에 고통을 안기는
> 시간의 강을 뜻한다. 자연의 큰 변화에 대응할 수 있는
> 준비에 소홀함이 없어야 할 것이다.

4. 상전 : 교육은 포용력과 기쁜 마음으로

* 象曰澤上有地臨이니 君子以하여 敎思无窮하여
容保民이 无疆하나니라

상전에 말하기를 연못 위에 땅이 있는 것이 임이니, 군자는 이를 본받아 가르치려는 생각이 다함이 없으며 백성을 포용하여 보존함이 지경이 없다.

연못 위의 땅처럼 당당하게 세상에 다가서는 것이 임이다. 기쁨이 흘러넘치는 땅, 축복으로 가득 찬 온 세상은 진리가 구현되는 터전이다. 임臨은 가진 자가 못 가진 자에게, 높은 사람이 낮은 사람에게, 임금이 백성으로라는 형식으로 위에서 아래로의 방향성을 특징으로 삼

---

40 한장경, 앞의 책, 220쪽., "'至于八月有凶'은 '至于八, 月有凶'도 되니 8이라 함은 1부터 8까지가 모두 36數로서 36卦의 이치와 暗合한 것이다.(1에서 8까지가 36이다)"

는다.

「상전」은 인류의 스승 또는 정치적 구원자에 대해 얘기한다. 왜 임
괘에서 교육과 구원을 말할까? 교육은 곤괘의 포용성이 밑받침되어야
하기 때문이다. 그래서 임괘는 곤괘의 이치에 근거해서 가르침의 원칙
을 설명한다. 무궁無窮은 과거를 기억하고 미래에 일어날 일을 예측하
는 시간의 무한, 무강无疆은 인류를 넓게 보듬어 안는 공간의 무한을
뜻한다. 시공간의 영속성에 근거하여 문명을 일으키는 인류교육의 본
보기로 삼았던 것이다. 인류의 스승이 한 일은 삶을 근심하고 가르치
는 일이었다. 그리고 몸소 이웃사랑을 실천하였던 것이다.

> ☞ 임괘는 곤괘坤卦의 이치에 근거해서 교육과 구원을 얘기
> 한다.

5. 초효 : 모두가 진리의 향기를 꽃피워야

<ruby>初九<rt>초 구</rt></ruby>는 <ruby>咸臨<rt>함 임</rt></ruby>이니 <ruby>貞<rt>정</rt></ruby>하여 <ruby>吉<rt>길</rt></ruby>하니라

<ruby>象曰咸臨貞吉<rt>상 왈 함 임 정 길</rt></ruby>은 <ruby>志行正也<rt>지 행 정 야</rt></ruby>라

초구는 느껴서 임함이니, 올바르게 하여 길하다. 상전에 이르기를
'느껴서 올바르게 하여 길함'은 뜻이 정도를 실행하는 것이다.

모두 함咸은 느낄 감感 자와 통한다. '함임'은 인류에게 진리의 향기
를 피워 감동시키고 복종하도록 하는 힘을 갖는다. 초효는 양이 양위

에 있고, 또한 4효와도 잘 부응한다. 더욱이 양으로서 음 밑에 존재함에도 불구하고 주변 있는 모든 것들과 화응을 잘 한다. 가는 곳마다 감동의 물결을 일으킨다.

감동은 홀로 이루어지지 않는다. 외면적인 대상과 교감하는 '느낌'이라는 마음의 움직임이 일어나야 가능하다. 진리에 대한 내면의 깨달음도 일종의 감격이다. 진리와 비로소 '하나'가 되는 과정에서 곧음(옳음)이라는 가치론적 덕목이 항상 전제되어 있다. 이것이 바로 동양인의 인생관 정립의 핵심으로 작용했던 것이다.

☞ 곧음(옳음)은 『주역』과 유교의 대전제다.

6. 2효 : 천명을 깨닫는 일은 인간의 몫이다

구 이 함 임 길 무 불 리
* **九二**는 **咸臨**이니 **吉**하여 **无不利**하리라

상 왈 함 임 길 무 불 리 미 순 명 야
象曰 咸臨吉无不利는 **未順命也**라

구이는 느껴서 임함이니, 길하여 이롭지 않음이 없을 것이다. 상전에 이르기를 '느껴서 임함이니 길하여 이롭지 않음이 없다'는 것은 하늘의 명에 (억지로) 순응하려고 함이 아니다.

2효는 양이 음위에 있으나, 하괘의 중도[中]를 얻고 있으며 5효와도 상응한다. 외부적인 여건은 매우 좋다. 양인 2효는 재능이 많고, 적극적인 성격에다가 중용의 덕성까지도 갖췄다. 더욱이 부드럽기 이를 데

없는 5효의 대인과 음양짝을 이루어 느낌과 감동의 파노라마를 연출하고 있다.

초효와 2효의 내용은 거의 비슷하다. 초효는 단지 '길하다'고 한 반면에, 2효는 '이롭지 않음이 없다'는 말이 덧붙여져 있다. 초효는 양이 양위에 있어 '정正'이지만 '중中'은 아니다. 2효는 비록 양이 음위에 있으나 '중'을 얻고 있기 때문에 비록 '정正'을 언급하지 않더라도 훨씬 낫다는 것이다.

또한 초효의 '올바른 정正'보다는 2효의 '강한 중中'이 좋으며, 대응관계도 초효와 4효의 그것보다는 2효와 5효의 관계가 훨씬 낫다는 것이다. 『주역』은 인위적인 것보다는 자연적인 것, 인공미(일본의 정원은 주관적인 자신의 느낌을 자연에 부과시키는 자연의 인간화 양식)보다 자연미(조선의 정원: 인간의 자연화를 강조하는 양식)가 훨씬 인간의 정서에 호소력이 강하다고 말한다.

왜 「상전」에는 갑자기 '천명[命]'이 등장하는가. 그 이유를 주자는 '잘 모르겠다[未詳]'고 하여 학자적 양심을 드러냈다. 이는 번역상의 불가피성 때문일까, 아니면 해석학의 문제일까? '하늘의 명에 순응하려 하지 않는다[未順命]'는 말에서 아닐 '미未'는 못한다는 뜻이 아니라, 억지로 하늘의 의지에 자기의 혼탁한 감정을 개입시키지 않는다는 뜻이다. 천도는 인간세상에 내려왔건만 그것을 아는 것은 사람의 몫이지 하늘의 책임은 아니다. 그러니까 하늘은 억지로 사람을 구속하지 않고 저절로 순응한다는 말이다.

왜 초효와 2효에 '느낄 함'이 등장할까. 『주역』에서 상경이 선천이라면, 하경은 후천이다. 『주역』 31번째, 즉 하경의 첫번째 괘가 택산함괘 澤山咸卦이다. 산 위에 연못이 있는 것이 함괘이다. 「설괘전」에 따르면, 산과 연못의 기운이 상통한 뒤에야 (선후천) 변화가 이루어질 수 있다. 후천에 이르면 만물은 억지로 하늘의 명에 따르지 않아도 되는 것이다. 연못의 택澤(☱)과 임괘의 내호괘內互卦(임괘의 2,3,4효: ☶)의 숨겨진 괘의 질서를 뒤집으면 산(☶)이 된다. 이들의 결합이 바로 택산함이기 때문에 지택임괘에서 '느낄 함'을 강조하는 것이다.

> ☞ 하늘은 사람을 구속하지 않는다. 억지로 하늘의 뜻에 자신의 혼탁한 감정을 개입시켜서는 안 된다.

7. 3효 : '안다'는 것은 자신을 반성하는 일로부터

＊ 六三은 甘臨이라 无攸利하니 旣憂之라 无咎리라

象曰 甘臨은 位不當也요 旣憂之하니 咎不長也리라

육삼은 달콤함으로 임함이다. 이로운 바가 없으니, 이미 근심하므로 허물이 없을 것이다. 상전에 이르기를 '달콤함으로 임함'은 그 위치가 부당함이요, '이미 근심함'이니 허물이 오래 가지 않을 것이다.

3효는 음이 양위에 있고, 적중[中]하지도 못했고, 하괘의 끝자락에서 몸부림치는 꼴로서 부중부정不中不正의 대명사이다. 달콤한 혓바닥을 밑천으로 세상을 살아가는 모습이다. 입으로만 알랑거리는 아첨꾼, 일시적인 감언이설로 현혹시키는 거짓꾼, 실력은 없으면서 인기로 자리를 노리는 입방아꾼이 내지르는 소리가 감언이다. 처음에는 달콤한 초콜릿이 먹기에 좋듯이 달콤한 말은 듣기에 좋다. 달콤함에는 비수가 깃들어 있다. 그만큼 댓가가 필요하기 때문이다. 상대방이 나에게 감언한다는 것은 나에게서 이득을 취하려기 때문이다. 이득을 얻을 수 없다고 판단되면, 상대방은 달콤한 말을 당장 거둘 것이다.

아첨꾼들은 온갖 교언영색巧言令色으로 상대방을 꾀지만 금방 효과가 나타나지 않음도 뻔히 안다. 그래서 재빨리 방침을 바꾼다. 하지만 3효는 자기의 전신이었던 초효와 2효의 행동에서 장단점을 깨달아 반성을 통하여 새롭게 태어난다. 성심성의를 다하여 모든 일에 임하므로 허물이 없는 것이다.

소크라테스는 '자신을 알라'고 외쳤다. 자신을 아는 것이 남을 아는 것이고, 세상을 아는 일이다. 자신을 모르면 남도 모르고, 세상 또한 전혀 알 수 없다. 안다는 것은 지식을 터득하는 것이 아니라 자신을 반성하는 일이다. 반성은 옆이나 뒤를 돌아다보는 것이다. 자신의 잘못을 뉘우치고 깨닫는다면 오래지 않아 허물은 말끔히 씻어질 것이다.

> ☞ 인간은 반성을 통해 새롭게 태어난다. 잘못을 뉘우치면 허물을 씻을 수 있다.

8. 4효 : 널리 사랑을 베풀라!

* 六四_는 至臨_{이니} 无咎_{하니라}

象曰 至臨无咎_는 位當也_{일새라}

육사는 지극하게 임함이니 허물이 없다. 상전에 이르기를 '지극하게 임함이 허물이 없다'는 것은 그 위치가 마땅하기 때문이다.

3효는 하괘의 끝자락에서 초효와 2효에 직접 대응하지 못한다. 단지 이웃에 있다는 이유 하나만으로 달콤한 말로 속삭이는 모습이다. 4효는 음이 음위에 있을 뿐만 아니라, 초효와도 잘 대응한다. 4효는 상괘의 아래에 있으면서도 지극 정성의 마음으로 이웃을 살피고 있다. 그래서 '지극한 임[至臨]'이라고 했다.

임함[臨]의 궁극목적은 위로 올라가 군림하고 지배하는 것이 아니라, 위에서 밑으로 내려와 아랫사람들에게 서비스정신을 발휘하는 것에 있다. 아랫사람이 윗사람을 높이는 것은 누구도 한다. 하지만 윗사람이 아랫사람을 섬기는 일은 아무나 못한다. 오로지 아랫사람의 신임을 얻었을 때, 비로소 지도자의 자격을 갖출 수 있는 것이다.

지극하게 임하다의 지至는 「단전」에서 말하는 '8월에 이르러 흉함이 있다[至于八月有凶]'의 '이르다[至]'와 세팅해서 이해해야 한다. '이를 지至'는 새가 높은 곳에서 날다가 땅으로 내려오는 모습을 나타내는 글자이다. 그것은 어둠의 달빛이 연못의 음기운에 이르러 소멸됨을 가리키고, '지임'은 곤의 음기운이 아래로 내려와 초효의 양기운과 서로 마주치는 모습을 형상화한 것이다. '임하다'의 본질적 의미는 4효가 초효에, 위에서 아래로, 귀함에서 천함으로, 높은 곳에서 낮은 곳으로 임하여 어진 자를 존중하는 태도를 일컫는다. 애당초 허물이 있을 수 없다.

> ☞ 윗사람을 모시는 일은 누구나 잘 한다. 하지만 윗사람이 아랫사람을 섬기는 일은 군자만이 가능하다.

9. 5효 : 중용을 체험하여 통찰력을 키워야

* 六五는 知臨이니 大君之宜니 吉하니라

象曰 大君之宜는 行中之謂也라

육오는 지혜롭게 임함이니, 대군의 마땅함이므로 길하다. 상전에 이르기를 '대군의 마땅함'은 중도를 실천함을 이른다.

5효는 음이 양위에 있으나, 상쾌의 중을 얻었고, 또한 양인 2효와도 찰떡 궁합처럼 상응한다. 5효는 대군이다. 대군은 다재다능한 존재가 아니다. 다만 인재를 발탁하여 적재적소에 배치하여 그 능력을 극대화하는 지도자이다. 각 분야의 전문가에게 맡기고 자신은 지혜로 그들을 통솔하면 된다.[41] 선임하사가 할 일을 사단장이 직접 챙기면 부

---

41 朱子는 인재등용의 중요성을 다음과 같이 말한다. "(육오는) 부드러움으로 (中의) 본체에 거하고, 아래로 구이에 상응하여 스스로 지혜를 쓰지 않고 남에게 맡기니, 이는 지혜로운 일로 대군의 마땅함이니 길한 도이다[以柔居體하고 下應

하들은 할 일이 없게 된다. 사단장은 전략을, 연대장과 대대장은 전술을, 중대장과 선임하사는 전투에 충실하면 되는 것이다.

대군은 과거에 얽매어서는 안 된다. 미래를 앞서 내다보는 지혜로운 통찰력이 있어야 된다. 지혜로운 자는 친인척을 등용하지 않는다. 능력의 여하에 따라 발탁하고 그들의 재능이 꽃피울 수 있도록 뒷바라지 하면 된다. 대군은 능력이 뛰어난 2효 신하에 맡겨 아래에 임한다. 이것이 바로 밝은 지혜로 천하에 임하는 것이다.

2효와 5효가 상응하는 모습이 참으로 보기 좋다. 2효는 하괘에서 양이 음위에 있으나 중을 얻어 아름답고, 5효는 상괘에서 음이 양위에 있으나 중을 얻어 아름답다. 대군과 신하가 각각 중도를 실행하므로 그 아름다운 조화는 한이 없다.

☞ 리더는 과거에 발목 잡혀서는 안 된다. 또한 적재적소에 인재를 배치하는 리더쉽을 발휘해야 한다.

---

10. 상효 : 어머니의 마음으로 타인과 마주하라

상 육　돈 임　　길　　무 구
* 上六은 敦臨이니 吉하여 无咎하니라

상 왈 돈 임 지 길　지 재 내 야
象曰敦臨之吉은 志在內也라

상육은 돈독하게 임함이니 길하여 허물이 없다. 상전에 이르기를

九二하여 不自用而任人하니 乃知之事而大君之宜니 吉之道也라」(『주역본의』)

'돈독하게 임함이니, 길하여 허물이 없다'는 것은 뜻이 안에 있는 것이다.

상효는 상괘의 끝에 있다. 상괘는 곤(☷)의 덕이 두터움을 상징한다. 그래서 모든 일에 순응하고 포용하는 극진한 덕[敦]이 등장한다. 초효와 2효는 사회를 도덕화하며[咸], 3효는 부당한 위치이지만 양들과 가까이 있으므로 '허물이 없다'고 했다. 4효는 초효와 상응하므로 '지임至臨'이라 했으며, 5효와 2효는 지혜로운 관계라 했으며, 상효는 4효와 상응하지 않으나, 초효와 2효가 깊숙한 자리에서 버티고 있는 것을 깨닫고 자신의 덕을 두텁게 쌓는 모습을 나타낸다.

임괘를 종교적으로 흥미롭게 해석한 것이 있어 소개한다. "『주역선해周易禪解』에서는 '敦臨'을 聖靈在天이라고 풀이했다. 기독교에서만 성령을 부르짖는 줄만 알았는데, 거기서도 성령이라 했다. 성령이 하늘에서 내려오는 것이 敦臨이란 것이다. 그리고 '志在內也'를 '心外無法'이라고 해석했다. 마음 밖에 법이 없다는 뜻으로, 이것은 왕양명의 '心卽理'와 같은 사상이다."[42]

임괘는 아래에 양이 두 개, 그 위로는 음이 네 개 있다. 그것은 지천태괘地天泰卦(☷☰)의 바로 전 단계이다. 태괘는 창조적 변화에 의해 천지가 '재'창조됨을 시사한다. 서양 기독교에서는 절대주의 아들, 즉 예수가 다시 강림한다는 '재림再臨'을 강조했다. 혹시 임괘는 새로운 세상을 만들기 위해 천지를 주재하는 절대주의 직접 강세를 암시하는 대목이라고 해도 지나친 말은 아닐까?

---

42 김홍호, 앞의 책, 361쪽.

11. 주역에서 정역으로

정역사상의 연구자 이상룡李象龍은 임괘의 성격을 다음과 같이 설명한다.

臨_은二陽長而大_니故在文爲人臣品_{이라}
<small>임 이 양 장 이 대   고 재 문 위 인 신 품</small>

示陽之臨陰_은即人臣之品尊者_가臨下之義_니
<small>시 양 지 임 음   즉 인 신 지 품 존 자   임 하 지 의</small>

故說文曰以尊適卑_라하니又蒞也_요監也_라
<small>고 설 문 왈 이 존 적 비   우 리 야   감 야</small>

蓋其音義_는從監字來_{니라}
<small>개 기 음 의   종 감 자 래</small>

爲卦澤上有地_{하니}地皆臨水_{하고}水皆灌地_{하니}
<small>위 괘 택 상 유 지   지 개 임 수   수 개 관 지</small>

而耕食之象也_라
<small>이 경 식 지 상 야</small>

且禮之大者_는莫如君臨天下_{일새}故次於履也_라
<small>차 예 지 대 자   막 여 군 림 천 하   고 차 어 이 야</small>

"'임'은 두 개의 양이 자라나 커지기 때문에 문자로도 신하의 품격이 되어 양이 음에 임하는 모습을 보여준다. 신하가 존귀한 자를 드높이는 것은 아래에 임하는 뜻이므로 『설문』은 '존귀함으로 낮은 것에 이르는 것'이라 했으며, 또한 '왕으로서 임하다, 다다르

다[莅]', '살피다, 보다[監]'는 뜻이다. 대개 그 소리와 의미는 감監자로부터 왔다. 괘의 구성은 연못 위에 땅이 있으며, 땅은 모두 물에 임하고 물은 모두 땅에 물을 대어 먹거리를 경작하는 양상이다. 그리고 예가 위대함은 임금이 천하에 임하는 것보다 큰 것이 없기 때문에 리괘履卦 다음에 있다.

象曰 臨은 元亨하고 利貞하니는

上帝臨予心하여 必貞正也라

至于八月하얀 有凶하리는 八風風物하여 及其快也라

 * 단전-"'임'은 크게 형통하고 올바름이 이룹다"는 것은 상제께서 내 마음에 임하서서 반드시 곧고 올바르게 된다는 것이다. "8월에 이르면 흉함이 있을 것이다"는 것을 여덟 방위에서 부는 바람[八風]이 만물에 불어 상쾌하게 미치는 것이다.

象曰 君子以하여 敎思无窮하여 容保民이 无疆하리는

君天下之大道也라

 * 상전-"군자는 이를 본받아 가르치려는 생각이 다함이 없으며 백성을 포용하여 보존함이 지경이 없다." 군주가 천하에 임하는 대도를 가리킨다.

初九는 咸臨이니 貞하여 吉하리는

^{임 수 비 화}壬水比化하여 ^{가 이 개 근 야}可以漑根也라

* 초효-"느껴서 임함이니, 올바르게 하여 길하다"는 것은 북방의 임수壬水가 조화를 따르기 때문에 뿌리에 물을 댈 수 있는 것이다.

^{구 이 함 임}九二는咸臨이니^길吉하여^{무 불 리}无不利하리라는

^{지 무 은 구}地无隱球하니^{민 식 무 량 야}民食无量也라

* 2효-"느껴서 임함이니, 길하여 이롭지 않음이 없을 것이다." 땅은 둥근 공을 감출 수 없으므로 백성의 식량은 무량하다는 것이다.

^{육 삼 감 임}六三은甘臨이라^{무 유 리}无攸利하니^{기 우 지}旣憂之라^{무 구}无咎리라는

^{언 지 불 신}言之不信하고^{우 지 유 서 야}憂之有紓也라

* 3효-"달콤함으로 임함이다. 이로운 바가 없으니, 이미 근심하므로 허물이 없을 것이다." 말하는 것에 믿음이 없고, 근심이 느슨해지는 것을 뜻한다.

^{육 사 지 임}六四는至臨이니^{무 구}无咎하리라는^{승 천 총 육 하 민 야}承天寵育下民也라

* 4효-"지극하게 임함이니 허물이 없다"는 것은 하늘의 은총을 이어받아 백성을 기르는 것이다.

^{육 오 지 임}六五는知臨이니^{대 군 지 의}大君之宜니^길吉하리라는

君臨萬邦하여 易得得正也라

* 5효-"지혜롭게 임함이니, 대군의 마땅함이므로 길하다." 임금이 만방에 임하여 쉽게 올바름을 얻는 것이다.

上六은 敦臨이니 吉하여 无咎하니라는 極其敦厚之德也라

* 상효-"돈독하게 임함이니 길하여 허물이 없다"는 것은 곤괘에서 말하는 두터운 덕을 극진하게 하는 것을 뜻한다.

風地觀卦

관觀은 부엉새[雚]가 어두컴컴한 밤에도 주위를 훤히 꿰뚫어 본다는 글자다. 본다[觀]에는 눈으로 직접 사물을 분간한다거나 감각적 경험으로 사물을 본다는 뜻과、 현상 너머에 존재하는 사물의 본질을 직시한다는 두 가지 뜻이 있다。 관觀은 시각적으로 본다See는 견見을 쓰지 않고、 사물의 본질을 직시한다는 각覺의 의미가 더욱 강하다。 형이하학과 형이상학의 범주를 통합하는 인식의 총합체가 바로 깨달음의 극치인 관觀이다。

Chapter 4

풍지관괘風地觀卦
깨달음의 극치

1. 궁극적 깨달음의 눈 : 관괘

정이천은 지택임괘(䷒) 다음에 풍지관괘(䷓)가 오는 이유를 다음
과 같이 말한다.

★觀은 序卦에 臨者는 大也니 物大然後可觀이라

故受之以觀이라 하니 觀所以次臨也라

凡觀은 視於物則爲觀이요 爲觀於下則爲觀이니

如樓觀을 謂之觀者는 爲觀於下也라

人君이 上觀天道하고 下觀民俗則爲觀이요

수 덕 행 정　위 민 첨 앙 즉 위 관
修德行政하여 爲民瞻仰則爲觀이라

풍 행 지 상　편 촉 만 류　주 관 지 상 야
風行地上하여 徧觸萬類는 周觀之象也요

이 양 재 상　사 음 재 하　양 강 거 존
二陽在上하고 四陰在下하여 陽剛居尊하여

위 군 하 소 관　앙 관 지 의 야
爲群下所觀은 仰觀之義也라

재 제 효 즉 유 취 관 견　수 시 위 의 야
在諸爻則唯取觀見하니 隨時爲義也라

관괘는 「서괘전」에 '임은 큼(위대함)이니, 사물이 큰 뒤에 가히 볼수 있는 까닭에 관괘로 이어받는다'고 했으니 관괘가 임괘 다음이된 것이다. 대저 관은 사물을 보면 보는 것이 되고, 아래에 보여줌이 되면 보여줌이 되니 마치 누관을 관이라 이르는 것은 아래에보여줌이 되기 때문이다. 인군이 위로 천도를 보고 아래로 민속을 보면 봄이 되는 것이요, 덕을 닦고 정치를 행하여 백성들이 우러러보는 바가 되면 보여줌이 되는 것이다. 바람이 땅 위에 행하여 만물을 두루 접촉함은 두루 보는 상이요, 두 개의 양이 위에있고 네 개의 양은 아래에 있어 양강이 존귀한 위치에 존재하여여러 아랫사람들에게 보임이 됨은 우러러보는 뜻이다. 여러 효에서 오직 보는 뜻만을 취했으니, 때에 따라 뜻을 삼은 것이다.

관괘는 위에 바람이 있고, 아래에는 땅이 있다. 땅 위에 바람이 불어 무언가 시원한 느낌을 준다. 바람은 이곳에서 저곳으로 궁금한 소식을 전해주는 편지이다. 바람은 살아 있는 에너지를 전달하는 공급책이다. 땅은 넓은 가슴으로 만물을 포용하는 생명의 어머니이다. 바람은 위에서 아래로 멀리 내려다보면서 교감의 신호를 보낸다. 바람과땅은 서로 마주보며 깨달음의 미소를 짓는다.

관觀은 부엉새[雚]가 어두컴컴한 밤에도 주위를 훤히 꿰뚫어본다는 글자다. '본다[觀]'에는 눈으로 직접 사물을 분간한다거나 감각적 경험에 의해 사물을 직시한다는 뜻과, 현상 너머에 존재하는 사물의 본질을 본다는 두 가지 뜻이 있다. 이 세계는 보이는 경험의 세계와 경험을 초월한 세계로 구성되어 있다. 전자는 눈에 보이는 현상의 세계요, 후자는 눈에 보이지 않는 실재의 세계이다. 감각으로 포착되는 경험의 세계, 고도의 이성적 판단력에 의해서만 인식할 수 있는 이원적 구조로 세계가 이루어졌다는 것이 곧 플라톤 이래 서양철학의 흐름이다.

하지만 관괘에서 말하는 관觀은 시각적으로 '본다See'는 '견見'을 쓰지 않고, 사물의 본질을 직시한다는 각覺의 의미가 더욱 강하다. 다만 『주역』에서 말하는 '깨닫다'는 불교가 강조하는 내면의 풀무집에 있는 마음만을 고집하지 않고, 대상과 주체가 일체화되는 경지 즉 진리의 원형 자체를 직감한다는 의미로 사용되었다. 형이하학과 형이상학의 범주를 통합하는 인식의 총합체가 바로 깨달음의 극치인 관觀이다.

하이젠베르그의 불확정성의 원리와 슈뢰딩거의 양자역학에 의하면 주체와 객체, 파동과 입자, 마음과 육체, 정신과 물질 사이에 존재하는 가상의 분할이라는 '이원론 포기하기'는 새로운 현대물리학이 거둔 업적이다. 베르너 하이젠베르그의 결론은 아주 명백하다. "세상은 주체와 객체, 내부세계와 외부세계, 육체와 영혼으로 나누는 행위는 더 이상 적절하지 못하고 어려움만을 야기할 뿐이다." 양자물리학은 정신 대 물질이라는 이원론을 채택하여 파멸의 끝까지 갔다. 거기에서 이원론은 사라졌다.

앞과 뒤가 한몸에 대한 서로 다른 시각처럼 주체와 객체, 정신과 육체, 에너지와 물질은 하나의 진실로 접근하는 두 가지 방법일 뿐이다. '하나'는 사라지고 '둘'만 판친다. 진리는 모순으로 고통받고 있다. '하나에서 두 세계를 창조하기'의 기초는 바로 주체가 객체로부터 근본적으로 분리되고 별개라는 이원론적 착각 때문이다. 그러니까 본질은 사라지고 상징, 개념, 관념, 이론, 이념이 그 자리를 대신하였다. 예컨대 한반도는 김정호가 힘들게 만든 대동여지도가 아니듯 말이다. 우리는 결국 개념과 관념에 대한 개념과 관념만을 분석하고 종합했던 것이다. 관념에 중독되었다는 말이다.

관념의 세계에서 일자는 양자를 낳고 다자를 낳는다. "하나의 세계로부터 두 개의 세계를 창조하여 우주가 스스로에게 오류를 범하게 만든다. 이런 앎의 과정은 심하게 추상화되고 상징화된 우주가 실재 우주와 혼동될 때 두 배로 훼손된다. 물리적 세상의 근저에는 확실성의 약속이 아닌 불확실성의 원리가, 정신적 세상의 근저에는 불완전성의 정리가 놓여 있음을 발견할 수 있다. 요컨대 '모든 관찰은 실재를 방해한다.' 그것이 이원론적 지식의 특징이다."[43]

---

43 켄 윌버/박정숙,『의식의 스펙트럼』(서울: 범양사, 2006), 61-83쪽. 참조. "이원론적 지식은 서양철학, 신학, 과학의 토대 바로 그것이다. 오늘날 여전히 논의되는 위대한 철학의 주제 대부분은 고대 그리스 철학자들이 만들어놓은 것이다. 여기에는 '논리학'이라 불리는 진실 대 거짓의 이원론, '윤리학'이라 불리는 선 대 악의 이원론, '인식론'이라 불리는 외관 대 실재의 이원론이 있다. 그리스인들은 또한 '존재론'이라는 광범위한 연구를 시작했다. 그것은 우주의 궁극적인 본질과 존재를 연구하는 학문이다. 초기 질문은 일자 대 다자, 혼돈 대 질서, 단순함과 복잡함 같은 이원론에 집중되었다. 이런 이원론에 탄탄하게 기초하여 서양사상은

불교에는 관세음보살觀世音菩薩이 있다. 고통의 바다에서 허우적거리는 중생이 '관세음보살'을 부르면 대자대비를 내리고 해탈을 시켜준다는 구원관이 있다. 관세음보살은 세상의 모든 소리를 듣는다는 뜻으로 관세음보살은 중생을 보살피고 제도한다. 관세음보살은 좋고 나쁜 소리, 괴롭고 기쁜 광경 등을 가리지 않는다. 중생의 소망과 원망을 있는 그대로를 보고 들어서 세상의 괴로움을 해소시켜준다.

인류 지성사에 나타난 각종 인식론의 특징은 생각에 대한 생각, 생각에 대한 생각에 대한 생각의 무한대로 확장되어 나타났다. 그것은 단어들의 패턴의 전달인 언어적 의사소통은 궁극적으로 '환영의 거울에 비친 실재의 영상'일 따름이다. 상징의 첫 번째 유형은 선형線形이고 1차원적이고 분석적이며 대개 논리적이다. 그것은 과학저널, 법률논문, 대부분의 철학적 저서에서 발견된다. 그 안에는 일련의 정확하게 정의된 상징들이 시스템의 독특한 구문에 따라 '줄로' 나란히 늘어서 있다. 그것은 우주의 거대한 '복잡함'을 단순한 줄로 부수고, 실재를 조금씩 소화하기 때문이다.

상징적 설명의 두 번째 기본유형은 일반적으로 '상상적'이라고 알고 있는 것이다. 그것은 그림으로 나타나며 다차원적이다. 그것은 예술적

독자적인 사상을 만들어내기 시작했다. 본능 대 지성, 파장 대 입자, 실증주의 대 이상주의, 물질 대 에너지, 테제 대 안티테제, 정신 대 육체, 행동주의 대 활력주의, 운명 대 자유의지, 공간 대 시간 등 그 예는 끝도 없다. 따라서 화이트헤드는 서양철학이란 플라톤 사상에 대한 정교한 각주라고까지 주장했다. 이원론 또는 '나누고 정복하자(divide-and-conquer)'는 접근법이 너무도 파괴적인 주요 이유 중 하나는 이원주의의 오류가 관념의 근간을 형성했기 때문이다. … 세상의 근본에는 불확정성 원칙, 정신세계의 밑바닥에는 불완성의 정리가 존재한다."(같은 책, 52-53쪽.)

표현, 신화, 시, 상상, 꿈의 중심에 놓여 있다. 이 둘은 매우 강력하여 절대적인 것을 효과적으로 암시하거나 지적할 수 있는 단정적이고 제한된 특성을 이용한다. 이런 특성들은 보통 전능, 무소부재, 전지, 무한한 존재, 지복, 최고의 지혜의 사랑, 무한한 의식 등등 같은 것들이다. 예외 없이 종교적인 아이콘, 그림, 십자가, 만다라, 신화적 상상과 설명 등등의 상상적인 유형을 동반한다.

이외에도 실재를 철저하게 부정적인 방법으로 묘사한다. 토마스 아퀴나스가 지적했듯이 "우리는 제거라는 방법을 통해 앞으로 나아가야 한다. 광대한 신은 우리의 지성이 만들어낼 수 있는 모든 개념을 능가하기 때문이다." 베단타에서 이것은 '네티, 네티[neti, neti : 그렇지 않다, 그렇지 않다]'란 단어로 표현된다. 즉 절대자는 '이것도 아니고 저것도 아니고', 어떤 특정한 생각이나 사물이 아닌 '근원적인 실재'라는 것이다. 순야타는 텅 비고 특색 없는 무가치한 것을 뜻하는 것이 아니라 절대적인 것에 관하여 직접적으로 설명하려고 할 때마다 반드시 무엇인가에 관하여 설명에 대한 설명에 대한 설명에 대한 설명을 해야 하는 악순환에 빠지게 된다는 사실을 깨닫게 된다는 뜻이다. 실재는 공空이다. 실재는 개념적 설명이 없기 때문이다. 임제臨濟(? ~ 807)는 물었다. "아무리 뛰어나다 할지라도 단어와 이름만을 찾게 될 것이다. 당신은 절대로 (실재에) 도달하지 못할 것이다. 실수하지 말라."[44]

『주역』에서 말하는 진리의 문제는 '본다[觀]'와 직접 연관된 인식론적 문제라기보다는 오히려 믿음[孚]과 결부된 종교와 윤리의 문제

---

44 같은 책, 92·95쪽. 참조

이다. 동양의 종교는 기독교처럼 어떤 절대자를 전제한 강압적 형태로 나타나지 않았다. 믿음은 생명의 본원인 하늘을 숭배하는 제사의 형태에 보존되어 있다. 하늘은 절대 복종의 대상이 아니라, 나와 '믿음[孚]'을 통하여 의사소통이 가능하다는 발상이 전제되어 있다.

2. 관괘 : 믿음은 종교 의례의 으뜸가는 덕목

★ 觀은 盥而不薦이면 有孚하여 顒若하리라

　관은 손을 깨끗이 씻고서 제물을 올리지 않으면 믿음을 두어서 우러러볼 것이다.

　'관盥'은 대야, 손씻다, 세수하다는 뜻이다. 관은 제사지내기 전에 정성스런 마음으로 손을 씻는 행위를 가리킨다. 단순히 손만 씻는 것이 아니라 절대자에 대한 공경심을 나타내기 위해 마음을 깨끗하게 씻는 것을 말한다. 마음이 깨끗하지 못하면 절대자를 만날 수 없다. 절대자는 마음이 깨끗한 사람 앞에만 자신을 드러내기 때문에 '믿음'은 항상 종교적 의례의 으뜸가는 덕목인 것이다.

　신은 꽃향기와 제물을 좋아한다. 사람은 이름으로 자신을 드러내고, 나무는 열매와 꽃으로 자신을 뽐낸다. 신 역시 풍성하고 잘 익은 제물을 좋아하기 때문에 술과 꽃을 좋아하는 것이다. '천薦'은 제물을 신에게 헌상한다는 말이다. 옛날에는 술을 빚을 때, 독특한 향기를 피우는 울창鬱㾾이라는 향초를 넣은 울창주鬱鬯酒를 만들어 땅에 뿌린 다음에 제물을 신에게 바쳤다.

울창주를 바치기 전에 손을 씻고 대지신에게 신고한 뒤에 제사상을 차렸던 것이다. '관이불천盥而不薦'이란 손을 씻고 제물을 바치기 전이야말로 신에 대한 경건한 마음이 가장 지극하다는 것을 뜻한다. 불천은 마음이 변하지 않는다는 뜻이지, 제물을 바치지 않는다는 것이 아니다. 특히 기복신앙에서 말하는 신앙의 댓가로 주어지는 '복을 받기 이전'을 가리키는 것은 더더욱 아니다.

이 대목의 핵심은 손을 깨끗이 씻고[盥^관], 정성스레 마련한 제물을 바치고[薦^천], 믿음을 간직하며[孚^부], 머리를 땅에 조아리는[顒^옹] 태도에 달려있다. 온갖 화려하고 풍성한 제물을 바치는 것이 제사의 시작과 끝이 아니라 오히려 경건한 마음과 믿음을 갖추는 것이 최상이다.

이처럼 관괘는 엄숙하고 숭고한 종교적인 의례와 맑고 깨끗한 마음씨를 강조하고 있다. 그것은 '교화[化^화]'의 원칙에 잘 나타나 있다. 교화는 형식화된 방법으로 이루어지는 것이 아니다. 오로지 정성과 경건한 믿음이 전제되어 있다. 윗사람이 불순한 마음으로 행동을 한다면 아무도 따르지 않을 것이다.

'옹顒'은 원래 머리를 조아린다는 뜻으로 힘이나 권력 앞에 잠시 고개를 숙이는 것이 아니라 진정한 마음에서 우러나오는 복종[心服^{심복}]을 일컫는다. 제사지내는 사람과 제사의 대상이 완전히 일치한 감응의 상태가 바로 신인상감神人相感의 경계인 것이다. 따라서 '본다[觀^관]'는 시각적으로 들여다본다[知^지]는 것 이외에도 느낌Feeling으로 주객이 완전히 일치[通^통]함을 뜻한다.

☞ 최상의 감응은 신과 인간이 하나로 만나는 경지[神人
相感]이다.

3. 단전 : 신도는 주역사상의 최고 원리

＊ 彖曰大觀으로 在上하여 順而巽하고

中正으로 以觀天下니

觀盥而不薦有孚顒若은

下觀而化也라

觀天之神道而四時不忒하니

聖人以神道設敎而天下服矣니라

단전에 이르기를 "크게 봄으로 위에 있어서, 순응하여 겸손하고 중정으로 천하를 봄이니, '관은 손을 깨끗이 씻고서 제물을 올리지 않으면, 믿음을 두어서 우러러볼 것이다'는 아래가 보아서 변하는 것이다. 하늘의 신도를 봄에 사시가 어긋나지 않으니 성인이 신도로써 가르침을 베풂에 천하가 복종한다."

유독 관괘에는 객관적인 하늘의 덕성인 원형이정이 등장하지 않는다. 하늘은 스스로를 드러내는 것이 아니라 신으로써 자신을 간접적으로 드러내기 때문이다. 여기서 바로 '신도神道'가 부각되는 것이다.

대부분의 번역들은 한결같이 하늘의 법칙의 신묘성으로 풀이하고 있다. 즉 하늘의 법칙은 인간의 언어로 규정된 지성을 초월한다는 신비적인 해석으로 그치고 있다. 특히 성리학에서는 '음양불측지위신陰陽不測之謂神'라는 명제에 빗대어 음양법칙의 합리성으로 인식하여 아래 구절의 '사시가 어긋나지 않는다[四時不忒사시불특]'는 원칙에서만 풀이하고 있는 것이다.

동양철학에서 말하는 신은 하늘의 인격성, 절대자 하느님의 의지, 변화를 일으키는 신의 공능, 인간의 영묘한 내면성이라는 다양한 뜻이 있다. 신도를 문자 그대로 해석하면, "하늘은 신으로 만물을 화생시킨다"일 것이다. 이 문장에서는 '천天 = 신도神道 = 사시불특四時不忒'이라는 등식이 성립하는 점에 주목하자. 하늘은 신도로 움직인다는 것이다. 다만 합리성으로 무장한 성리학은 음양오행의 원리를 벗어난 이치는 받아들이지 않는 까닭에 자연을 이루고 있는 신, 신명을 인정하지 않는다는 점이다. '음양불측지위신陰陽不測之謂神'에 나타난 바와 같이 신도는 형이상학적 원리이다.

그러면 말 없이 움직이는 신도의 실체는 무엇인가? 신도는 두 얼굴로 존재한다. 동양 시간론의 입장에서 신도는 하도낙서원리가 대변한다. 하도낙서의 주제는 선후천 변화이다. 낙서는 선천, 하도는 후천의 원리이다. 신도는 음양의 분리와 통합으로 운행한다. 이러한 분리는 음양의 불균형으로 말미암아 윤역閏曆이라는 캘린더를 형성하고, 통합은 음양의 균형으로 말미암아 형성되는 정역正曆이다. 그래서 관괘는 '사시가 어긋나지 않는다'고 단언했던 것이다. 이처럼 신도에 대한 전면적인 재해석이 요구되는 것이다.

곧이어 성인은 하도낙서원리에 입각한 신도[45]로 인류를 가르친다고
했다. 신도는 지공무사하다. 세상에는 인간의 감각능력으로 다 포착
할 수 없는 것이 존재한다. 이 세상은 보이는 세계와 보이지 않는 세계
로 구성되어 있다. 전자가 인간계라면, 후자는 신명계이다. 이 두 세계
는 서로 음양짝으로 겹쳐져 존재하며, 그 기능을 서로 주고받는다. 현
실적으로 존재하는 모든 생명체는 신도의 손길로 태어나며, 신도와의
끊임없는 교섭을 통해 생명을 유지한다. 신도는 천지인 삼계에 두루
편재한다.[46] 신도는 하늘이 만물을 경영하는 방법이다.

신도는 모든 생명현상을 주관하는 활력소이며, 천지 속에 깃들어
있는 영성의 실체가 바로 신神이다. 우주에 가득 찬 신도의 현현顯現
이 곧 만물인 것이다. 신은 생명계의 중심에 살아 있다. 인간은 온 천
지에 충만한 신과 더부살이하는 존재이다. 신은 조화요, 모든 존재의
근원이다. 하늘과 땅의 모든 곳에는 신성이 깃들어 있다. 이는 깨달음
의 노른자인 관괘의 핵심이기도 하다. 신도는 인간의 이성적 지혜만으
로 포착되지 않는 초합리의 세계이다. 예컨대 우레라는 자연현상은 과
학적으로 음전하와 양전하가 만났을 때 일어나는 방전현상이다. 하지
만 우레를 일으키는 보이지 않는 또 하나의 손길이 있다. 그것이 바로

---

45 「계사전」상편, 11장, "天生神物이어늘 聖人이 則之하며 天地變化이어늘 聖人
이 效之하며 天垂象하여 見吉凶이어늘 聖人이 象之하며 河出圖하며 洛出書이어
늘 聖人이 則之하니." 여기서 하늘이 내린 신물이 바로 하도낙서이다. 하도낙서의
원리는 천지의 변화를 밝히는 데에 있다. 그래서 성인은 가장 먼저 하도낙서의 원
리를 본받았다고 했던 것이다.

46 "천지간에 가득 찬 것이 신(神)이니, 풀잎 하나라도 신이 떠나면 마르고 흙 바
른 벽이라도 신이 떠나면 무너지고, 손톱 밑에 가시 하나 드는 것도 신이 들어서
되느니라. 신이 없는 곳이 없고 신이 하지 않는 일이 없느니라."(『도전』, 4:62:4-6)

신도이다. 이는 기존의 관념론이나 종교가들이 외친 주장과는 근본적으로 다른 해석이다.

「단전」은 주역사상의 핵심인 '중정中正'을 제시한다. 중은 세계의 본원, 정은 중이 세상에 전개되어 제대로 돌아가는 가치론적 개념이다. 그렇다고 중은 절대불변의 부동자가 아니다. 중[47]은 역동적으로 움직이면서 다른 모든 것들로 하여금 제자리를 잡도록 하는 천지의 심장이다. 그러니까 인간은 마음의 중심을 잡고 거짓 없이 정직하게 사는 것이 참된 인생살이인 것이다.

> ☞ 공자는 「단전」을 통해 신도(종교)와 중정中正(윤리)을 결합시켜 유교철학의 성격을 정립하였다.

4. 상전 : 자연의 몸짓과 백성의 소리는 둘이 아니다

* 象曰 風行地上이 觀이니 先王이 以하여
  省方觀民하여 設敎하니라

상전에 이르기를 바람이 땅 위에서 움직이는 것이 관이니, 선왕은

---

47 체조선수 김연아는 가부좌 틀고 연기하는 요가수행자가 아니다. 그는 움직이면서 역동적인 연기를 펼친다. 중심을 잡지 못하면 금방 엉덩방아를 찧고만다. 실제로 움직이면서 균형을 잡는 행위가 '중'이라면, '정'은 연기자인 김연아가 연기능력을 발휘하는 일체 스케이팅의 예술적인 스포츠를 가리킨다. 중과 정은 따로따로 놀지 않는다. 중은 정을 통해 드러나고, 정은 중을 근거로 움직인다. 이들의 결합이 『주역』이 지향하는 최고의 경지인 것이다.

이를 본받아 방소를 살피고 백성을 관찰하여 가르침을 베푼다.

한민족의 특성은 '신바람[神風]'[48] 이다. 바람의 움직임이 곧 신이라는 것이다. 바람은 세상 곳곳에 스며들어 바람들게 만든다. 바람이 들면 심성이 변화하는 까닭에 관괘는 교육철학을 강조하고 있다. 바람은 이곳에서 저곳으로 생명에너지를 전달한다. 생명에너지에 좌우되지 않는 존재는 어디에도 없다. 선왕은 바람을 일으키는 하늘의 원리를 깨달은 바대로 백성을 가르치면 된다.

옛날의 왕들은 민정시찰을 통해 백성의 살림살이를 살폈다. 민중의 소리를 들었다는 것이다. 백성의 아픔은 나라의 아픔이고, 백성의 기쁨은 나라의 행복이다. 불행과 행복의 기준은 언제나 백성에 있다. 위정자의 편의에 따라 정치가 지배되는 것이 아니라 민중의 소망에 따라 정책이 실현되어야 한다.

그래서 고대인의 삶이 반영된 『시경』에는 「국풍國風」, 「패풍邶風」, 「위풍衛風」, 「왕풍王風」 「정풍鄭風」, 「제풍齊風」, 「위풍魏風」, 「당풍唐風」, 「진풍秦風」, 「회풍檜風」, 「조풍曹風」, 「빈풍豳風」 등이 있다. 지도자는 백성들의 삶의 애환을 항상 체크하여 국정에 참고함으로써 복지에 힘썼다는 사실을 증거하고 있다. 온 나라를 순행하거나, 유행가 가사에 나타난 백성들의 바램을 읽어내 '바람의 정치'를 실현하였던 것이다.

---

48 한민족만큼 바람을 좋아하는 종족도 없다. 바람의 아들이라 해도 틀리지 않는다. 바람핀다, 바람맞는다, 바람쟁이, 청'풍'명월 등 시와 소설과 철학적 사유 곳곳에 등장하지 않는 분야가 없을 정도로 바람은 한민족의 정서를 대변한다.

송나라의 장횡거張橫渠(1020~1077)는 유학의 근본정신에 입각하여 지식인의 사명을 밝히고 있다. "천지를 위해서 마음을 세우고, 백성을 위해서 진리를 세우고, 옛 성인을 위해서 끊어진 학문을 잇고, 만세를 위해서 태평을 연다.[爲天地立心, 爲生民立道, 爲去聖繼絶學, 爲世開太平]"[49] 정치는 입신양명의 수단이 아니라 생명의 본원인 천지에 보답하는 것이고, 백성들의 염원을 성취하는 험난한 길임에 분명하다. 이런 인식은 누구도 쉽게 할 수 있으나, 그것을 실천하기는 매우 어렵다는 사실은 지나온 역사가 증명하고도 남는다. 인식과 실천은 별개라는 말이다. 오죽하면 유학이 '지행합일知行合一'을 강조했겠는가.

바람이 땅 위에 부드럽게 부는 자연의 몸짓과 민중의 소리는 둘이 아니다. 둘이 아닌 것을 부정하는 것이 곧 천지에 대한 불경죄요, 민중의 여망을 떨쳐버리는 행위이다. 『주역』에 말하는 웰빙은 천지의 뜻을 거스르지 않고 사람들의 아우성을 듣고 살아가는 것이 가장 간편하고 편안한 삶이라고 가르치고 있는 것이다.

☞ 위정자여! '바람'의 정치를 시행하라.

5. 초효 : 눈앞의 이익에 매달리지 말라!

＊ 初六은 童觀이니 小人은 无咎요 君子는 吝이니라

---

49 『근사록近思錄』2

상 왈 초 육 동 관   소 인 도 야
象曰 初六童觀은 小人道也라

초육은 어린아이가 보는 것이니, 소인은 허물이 없고 군자는 인색
하다. 상전에 이르기를 '초육은 어린아이가 보는 것'은 소인의 도
이다.

초효는 음이 양자리에 있고[不正], 하괘의 중도 아니다[不中]. 여기
서 말하는 어린아이는 소인과 다를 바 없다. 어린아이의 소견은 짧고
좁다. 앞날을 내다보는 식견보다는 눈앞의 시야에만 매달린다. 종합적
이지 못하고 단편적이다. 남보다는 자기를 앞세우는 까닭에 무척 이기
적 판단에만 의존한다.

하지만 어린아이는 세속적 가치에 물들지 않은 순수성이 있다. 그러
니까 어린아이 같은 소인에게는 허물이 없다는 것이다. 간장 종재기처
럼 그릇이 작은 소인은 단지 어린아이라는 이유 하나만으로도 큰 허
물을 짓지 않으나, 군자일 경우는 다르다. 군자이면서 소견이 작다면
사태는 매우 심각하다. 그것은 사회를 오염시키기 때문에 반드시 허
물이 뒤따를 수밖에 없는 것이다.

어린아이가 모르고 저지르는 죄는 용서될 수 있지만, 알면서 고의
로 저지른 죄는 그 대가가 혹독하다. 미숙한 눈으로 보는 세상은 좁다.
나이를 먹은 만큼 어른은 마땅히 어른답게 행동해야 옳다. 스스로 깨
어나면 병아리가 될 수 있으나 스스로 깨어나지 못하면 어둠 속을 헤
매다 계란 프라이 신세가 되고 만다. 초효는 마음의 눈을 크게 뜨고
세상을 바라봐야 한다고 가르친다.

☞ 스스로 깨어나면 병아리가 될 수 있으나, 남에게 깨트려 지면 계란 프라이 신세를 면하지 못한다.

6. 2효 : 세상과 단절하지 말고 친숙하라

* 六二_는 窺觀_{이니} 利女貞_{하니라}
육 이 　규 관 　　이 여 정

象曰窺觀女貞_이 亦可醜也_{니라}
상 왈 규 관 여 정 　역 가 추 야

육이는 엿보는 것이니, 여자의 올바름이 이롭다. 상전에 이르기를 '엿보는 것이 여자의 올바름이다'라는 것 역시 추함이다.

2효는 음이 음자리에 있고[正], 하괘의 중앙[中]에 있다. 더욱이 5효와는 아주 이상적인 결합이다. 하지만 닫힌 공간에 파묻혀 있는 아주 유약한 모습이다. '규窺'는 엿본다는 글자다. 여인네가 규방에서 약간 문이 열린 틈새로 바깥을 엿보는 것이 전부이다. 넓은 바깥세상은 보지 못하고 겨우 문틈으로 쳐다보는 형상이다. 개구리가 우물 안에서 세상을 전부 읽었다는 우스운 격언이 여기에 해당될 것이다. 그것은 나무는 보고 숲은 보지 못한다는 소인에 대한 경계의 발언이다. 일종의 방안퉁수격이다.

무릇 엿본다는 행위는 괜스레 부도덕성을 연상하게 한다. 부분과 전체는 엄연히 다름에도 불구하고 코앞의 사실과 전체를 혼동하는 행동이다. 집안 살림을 도맡는 여자가 보아서도 올바르면 이로울 수 있지만 군자가 되어서는 더더욱 안 된다고 가르치고 있다. 관괘는 여자의 소견이 비좁기 이를 데 없다고 지적하지 않는다. 세상과 단절하여 문틈으로 기회만을 엿보는 비겁한 심리를 찌르는 촌철살인의 경구인 것이다.

이 글의 밑바탕에는 아름다움과 추함[美醜]이라는 미학적 가치와 당위가 한곳에 녹아 있다. 아름다움의 극치는 화려하지 않다. 추함을 포용했을 때 비로소 아름다움의 힘이 떨칠 수 있다. 아름다움은 단순히 관조의 대상이 아니라 실천력이 뒤따르는 행위의 시발점이 된다.

『주역』은 이 점을 강조하고 있다. 아름답지 못하거나 떳떳하지 못한 행위는 비난받아 마땅하다. 세상은 혼자 살기에는 너무 넓다. 인간과 사회를 사랑하지 않고는 군자가 될 수 없다. 공동체 의식 없는 군자는 이미 자격상실한 지성인이다. 지성인은 지식인이 아니다. 배우면 지식을 터득할 수 있지만, 지식과 행위가 일치된 지성인은 타의 모범이 되기에 충분하다.

> ☞ 넓은 시야로 세상을 똑바로 인식하고 실천해야 아름다운 가치를 실현할 수 있다.

7. 3효 : 진리를 나의 것으로 주체화하라

* 六三은 觀我生하여 進退로다

상 왈 관 아 생 진 퇴　　미 실 도 야
象曰觀我生進退하니 **未失道也**라

육삼은 나의 삶을 보아 나아가고 물러나도다. 상전에 이르기를 '나의 삶을 보아 나아가고 물러나므로' 도를 잃지 않는다.

『주역』의 진리관은 비이원적 성격을 갖는다. 진리는 이것과 저것을 모두 포용할 때 필요조건과 충분조건을 만족시킬 수 있다. 진리는 객관과 주관을 초월하여 포용한다. 그래서 야스퍼스는 진리의 성격을 '포월성包越性'이라 규정했다. 모든 것을 감싸안다는 말이다. 객관에서 주관을 바라보는 시각도 일방적이고, 주관에서 객관을 바라보는 시각 역시 일방적이다. 일방적인 진리는 긴장감을 조성하여 이원론으로 치닫는다.

이원론은 일자를 다자에 초월하여 존재한다고 생각한다. 그것 역시 앞과 뒤라는 진리를 찬양하는 버전에 지나지 않는다. 반대는 또다른 반대를 낳고 낳아 분열의식을 산출한다. 이런 점에서 『주역』은 통합형식의 진리관을 취하는 것이다.

관 아 생
'나의 삶을 근거[觀我生]'로 나아가고 물러나는 일체 행위의 모델로 삼는다고 해석해서는 안 된다. 진리는 나의 머리 위에 반짝반짝 빛나는 하나의 불변자가 아니라, 주관적인 상대성을 넘어서 내 안의 도덕률로 자리잡고 있다는 깨달음이 중요하다. 즉 진리를 나의 것으로 주체화한 다음에 비로소 행위의 타당성이 보장되기 때문이다.

따라서 진리를 진정으로 깨달은 나의 주체성을 바탕으로 진퇴를 결정할 수 있는 것이다. 그러니까 『주역』의 진리관은 단순히 인식론적인 합리성에 머무는 것이 아니라 행위와 직결된 진리가 진리로 보증될 수 있는 것이다.

육삼은 음효가 양자리에 있고[不正], 하괘의 끝자락에 있는 까닭에 시간의 정신에 따라 나아갈 수도 없고 물러설 수도 없는 불안한 상태이다. 하이데거는 인간을 '세상에 던져진 존재'라 했다. 불안한 만큼 스스로의 명석판명한 결단이 중요하다. 불안으로 인해 자기성찰의 중요한 기회가 될 수도 있다. 그러니까 세상을 더욱 세심하게 관찰할 필요가 있다.

러시아의 대문호인 도스또에프스키는 『죄와 벌』에서 주인공인 라스꼴리니코프를 통해 인간의 주인정신을 강조한다. 전통의 낡은 유산이 러시아인의 정신세계를 지배하는 세태를 비꼬았다. 내가 나의 주인이어야지 타인 혹은 전통이 주인이 되어서는 곤란하다고 했다.

니체도 묵은 정신에서 벗어나라고 외쳤다. 노예도덕에서 탈피하여 초인超人되라고 권고했다. 니체는 "인간과 세계, 인식과 실재, 존재와 당위와의 긴장관계를 포함하고, 인간의 현실적 삶을 부정하는 귀결을 가지며, 인간에게 허무적 경험을 하게 하는 일체의 전통적인 세계해석을 거부했다. 그는 영원회귀와 힘에의 의지, 초인, 관점적 세계경험 등의 여러 사유의 상호 의존관계를 통하여 역동적인 다양성 속의 통일성을 이루는 새로운 해석을 탄생시켰다."[50]

관괘는 사물의 관찰방법에 대해 두 가지를 제시한다. 하나는 내관

---

50 백승영, 「니체철학, 무엇이 문제인가」 『니체가 뒤흔든 철학, 100년』(서울: 민음사, 2002), 65-66쪽 참조.

內觀의 방법이다. 내가 살아온 길, 지금 사는 길, 앞으로 살아갈 길 등을 살피는 일이다. 자신의 과거와 현재와 미래를 관찰하여 진퇴를 결정하는 토대로 삼는 방법이다. 이는 내면적인 성찰이다.

다른 하나는 외관外觀의 방법이다. 바깥에 존재하는 외부환경을 살피는 일이다. 그것은 자연과학적 관찰만을 뜻하지 않는다. 역사와 문명을 비롯하여 인문학적 시야를 넓히는 안목이다. 겉모습에 갇히거나 관념의 미이라가 되어서는 안 된다는 말이다. 특히 문틈으로 엿보는 형태는 금기사항이다. 남의 사생활을 엿보는 행위는 지혜의 눈이 열리지 않도록 하기 때문이다. 사물의 본질을 통찰하는 지혜의 눈을 갖추어야 하는 것이다.

그러니까 관괘는 진리의 내면화와 인간의 외면화를 통해 이루어지는 넓은 인식의 눈을 싹틔우고 있는 것이다. 나를 아는 것이 세상을 아는 것이고, 세상을 보는 것을 통해 사물의 본질을 꿰뚫어 인간의 사회성을 북돋우는 것에 관괘의 요지가 있다.

☞ 진리에 대한 내면화와 외면화의 통합이 진정한 인식이다.

8. 4효 : 문화의 힘을 읽는 안목을 키워야

* 六四는 觀國之光이니 利用賓于王하니라
  _{육사} _{관 국 지 광} _{이 용 빈 우 왕}

象曰 觀國之光은 尙賓也라
_{상 왈 관 국 지 광} _{상 빈 야}

육사는 나라의 빛을 보는 것이다. 왕에게 손님접대를 받는 것이 이롭다. 상전에 이르기를 '나라의 빛을 바라봄'은 손님을 숭상함이다.

4효는 음이 음자리에 있고[正]^정, 상괘의 맨 아래에 있지만[不中]^{부중} 5효와의 접점지역에 있기 때문에 남을 관찰하는 행위가 소중하다고 권고한다. 그래서 관광觀光이라는 말이 여기서 비롯되었던 것이다. 관괘는 관광의 목적을 흔히 현대인들이 겪는 직장생활의 스트레스 해소를 위한 휴식으로 간주하지 않는다. 유적지와 명승지 관람, 온천이나 먹거리 시식 등 여행을 통해 몸의 피로를 푸는 투어의 성격과는 차원이 다르다.

관괘가 얘기하는 관광은 이웃 국가의 문물제도에서 그 나라의 빛나는 문화의 저력을 읽어내는 안목을 키우는 힘이다. 젊은이들의 유학은 새로운 문물을 직접 체험하고 동시에 다양한 문명형태 속에서 새로운 문화창출의 아이템을 개발할 수 있기 때문에 적극 권장해도 좋다. 특히 이웃나라의 정치가 제대로 풀리고 있는 원인을 분석하여 도입하는 목적이 관광의 본래 의미이다. 법률의 정비에 있는지, 아니면 법률을 운용하는 마인드에 있는지를 비롯하여 법집행의 공정성을 바라보는 백성들의 심리상태를 파악하는 것도 관광의 여러 가지 스케줄 중에서 가장 중요한 목적이다.

이웃나라에서 배울 것은 정치지도자의 얼굴빛이 아니라 그 나라의 아름다운 미풍양속에 있다. 예컨대 음악이 타락하면 마음도 타락한다. 음악이 아름다우면 그 나라의 문화가 성숙했다는 증거다. 음악이 그 나라의 건강지표인 셈이다. 관광은 눈과 몸으로 즐기는 일정표에 좌우되는 것은 결코 아니다. 마음의 문을 활짝 열고 이웃나라의 이국적 풍경뿐만 아니라 눈에 보이지 않는 문화와 공감할 수 있는 기회로 삼아야 할 것이다.

불의가 판치는 나라와 양심을 지키는 사람이 존경받는 나라는 다르다. 불노소득으로 놀고 먹는 사람이 많거나 열심이 일하는 사람이 고통 받는다면, 그 나라를 관광할 필요가 전혀 없다. 정의사회가 구현된 나라에 손님으로 대접받는 것은 멋진 행운이다.

> ☞ 문명의 화려함보다는 문화의 저력이 중요하다.

9. 5효 : 타인은 나의 거울

* 九五_{구오}는 觀我生_{관아생}하되 君子_{군자}면 无咎_{무구}리라

象曰_{상왈} 觀我生_{관아생}은 觀民也_{관민야}라

구오는 나의 삶을 보되 군자면 허물이 없을 것이다. 상전에 이르기를 '나의 삶을 보는 것'은 백성을 보는 것이다.

5효는 정중正中이다. 백성을 바라보는 군자는 '나의 눈 = 백성의 눈'이라는 등식에서 알 수 있다. 나의 실체를 뒤돌아보다는 것은 백성을 보살핀다는 말이다. 나의 비뚤어진 눈으로 백성을 바라보는 것은 애꾸눈에 불과하고, 백성의 눈으로 나를 들여다봤을 때 비로소 자신의

진면모가 드러난다. 백성은 나의 거울인 것이다.

기독교 격언에 "남의 눈에 있는 티는 보면서 자신의 눈에 있는 대들보는 보지 못한다"는 말이 있다. 자신의 흠에는 관대하고 남의 결점에는 가혹하다는 말이다. 그것은 자신의 불행에 그치는 것이 아니라 사회의 불행으로 직결된다는 점에서 깊이 새겨야 할 교훈이다.

우리는 5효에서 유교의 민본주의의 요체를 끄집어낼 수 있다. 유교의 가르침을 한마디로 요약한다면 개인적 가치의 사회적 구현이다. 반대로 사회의 건강이 곧 나의 정신 건강에 도움이 된다는 뜻이다. 개인적 가치와 사회적 가치의 피드백Feedback(결과가 원인에게 새로운 동기를 부여한다는 의미) 현상은 유교적 가치의 위대함이다.

『주역』에 대한 해석에 직간접으로 영향을 끼친 유교 경전에 나타난 민본주의 이념을 살펴 보면 다음과 같다.

"하늘이 총명함은 우리 백성으로부터 총명하며, 하늘의 밝음과 두려움은 우리 백성으로부터 밝고 두려우니라. 위와 아래에서 공경할지어다.[天聰明이 自我民聰明하며 天明畏自我民明畏라 達于上下이라]"[51]

"하늘의 보심이 우리 백성들의 봄으로부터 하시며, 하늘의 들으심이 우리 백성들의 들음으로부터 하시니라.[天視自我民視하시며 天聽自我民聽하시나니]"[52]

"옛 사람의 말에 "물을 거울로 삼지 말고 마땅히 백성을 거울로 삼아 살펴야 한다.[古人이 有言曰人은 無於水에 監이요 當於民에

---

51 『서경書經』「우서虞書」"고요모皐陶謨"

52 『서경書經』「주서周書」"태서泰書"

監이니)"[53]

"자공이 정치에 대해 묻자 공자가 말씀하시기를 "식량과 군사가 많으면 백성들이 믿게 된다." 자공이 "부득이해서 버린다면 이 세 가지 중 어느 것이 먼저 일까요?"묻자, "군대이다"라고 했다. 자공이 "반드시 한 가지를 더 버려야 한다면 나머지 둘 중에 어느 것을 버려야 할까요?"라고 묻자, "먹는 것을 버려야 한다. 예로부터 누구든지 한 번은 죽으나 백성들이 믿지 못하면 나라가 바로서지 못하느니라.[子貢이 問政한대 子曰足食足兵이면 民이 信之矣리라 子貢이 曰必不得已而去컨댄 於斯三者에 何이 先리잇고 曰去兵이니라 子貢이 曰必不得已而去인댄 於斯二者에 何先이리잇고 曰去食이니 自古皆有死어니와 民無信不立이니라]"[54]

"백성이 가장 귀중하고, 사직은 다음이며 임금은 가볍다[民이 爲貴하고 社稷이 次之하고 君이 爲輕하니라]"[55]

유교는 자신의 문제에 한정시키지 않는다. 3효의 '관아생觀我生'이 개인 차원이라면, 5효의 '관아생觀我生'은 사회와 인류 차원의 문제이다. 그것은 개인의 진퇴와 백성을 살핌[觀民]이라는 명제에 두드러지게 차별성이 부각되기 때문이다. 이처럼 유교는 개인의 깨달음을 반드시 사회에 기여해야 한다는 확대의 논리가 근간을 이루고 있는 것이다. 그것은 '수기치인修己治人'과 '수기안인修己安人'이라는 주제로 요약할 수 있다.

☞ 개인적 가치의 사회적 구현이 관괘의 핵심이다.

---

53 『서경書經』「주서(周書)」"주고酒誥"
54 『논어論語』「안연편顔淵篇」
55 『맹자孟子』「진심편盡心篇」하

10. 상효 : 군자는 생명에 책임감을 갖는 지성인

＊ 上九는 觀其生하되 君子면 无咎리라
상구   관기생   군자   무구

象曰觀其生은 志未平也라
상왈 관기생   지미평야

상구는 그 삶을 보되 군자면 허물이 없을 것이다. 상전에 이르기를 '그 삶을 본다'는 것은 뜻이 평안하지 않음이다.

상구는 양이 음자리에 있고[不正], 상괘의 중앙에 있지도 않다[不中]. 다만 5효가 실제로 권력을 소유한 지도자라면, 상효는 지도자를 가리키는 스승에 해당된다. 스승의 가르침을 받아 지도자는 정치를 잘하면 된다. 그래서 지도자가 군자의 대열에 끼면 허물은 없다.

군자는 개인과 인류를 넘어서 생명 차원까지도 책임진 역사적 존재이다. 지성인의 반열에 오르지 못하면 허물을 짓거나 후회가 있다. 하지만 상효는 돌이켜보아서 회한이 가득 차 희망이 보이지 않는다. 마치 지나가는 사람을 물끄러미 보면서 지난 세월을 회상하는 삶은 초라하기 짝이 없다.

한 나라의 원로는 과거에 발목 잡히면 안 된다. 지난 일을 자꾸 현재에 연루시키면 오류를 범하기 쉽다. 원로는 비록 실권은 없으나 자신이 겪어온 경륜을 바탕으로 국태민안에 힘을 보태야 한다. 구설수로 백성들의 입방아에 오르락내리락하면 좋지 않다. 눈앞의 이익에 가리어 권력자를 이용하면 패가망신으로 치달을 것이다.

높이 나는 새가 멀리 바라본다는 말이 있듯이 시야가 넓어야 사물

의 본래면모를 파악하기가 쉽다. 관괘는 눈높이를 높여야 안목을 상
승할 수 있다고 가르치고 있다. 즉 시야가 좁은 어린아이[童觀], 문틈
으로 엿보는 기회주의[窺觀], 자기성찰의 과정[觀我], 넓은 시야로 세
상을 이해해야 한다[觀國], 백성과 사회를 돌볼 줄 아는 경륜[觀民],
인류의 삶의 복지[觀生]를 말하고 있는 것이다.

> ☞ 유교의 이상인 대동사회의 건설은 생명의 평안[觀生]을
> 보장하는 것으로부터 시작한다.

11. 주역에서 정역으로

정역사상의 연구자 이상룡李象龍은 관괘의 성격을 다음과 같이 설
명한다.

觀은二陽在上하니爲下瞻仰이니

故在文從灌從見하고注目仰視之義也라

爲卦風行地上하니地球大闢而乃休風動之象이요

且觀感而化之者가臨民之大道니故次於臨也라

"관괘의 위에 있는 두 양은 (네 음의) 아래에 의해 우러러보이는
까닭에 글자로도 물 댈 관灌과 볼 견見을 따랐고, 관심을 갖고 주
의 깊게 우러러 살핀다[注目仰視]는 뜻이다. 괘의 구성은 바람이

땅위에 불어 지구가 크게 열려 바람이 아름답게 움직이는 모습이
다. 또한 살펴서 느껴 변화되는 것이 백성에 임하는 대도이므로 임
괘 다음에 온 것이다.

象曰 觀은 盥而不薦이면 有孚하여 顒若하리라는

誠敬之及人也라

觀天之神道而四時不忒은

天降聖人이 始造陽曆也요

聖人以神道設教而天下服은

神而化之하여 乃无躾舌也라

* 단전-"손을 깨끗이 씻고서 제물을 올리지 않으면 믿음을 두어
서 우러러볼 것이다"는 말은 정성과 공경으로 사람에 미치는 것
이다. "하늘의 신도를 봄에 사시가 어긋나지 않는다"는 것은 하
늘이 성인을 내려 보내시어 처음으로 양력陽曆을 짓게 한 것이다.
"성인이 신도로써 가르침을 베풂에 천하가 복종한다"는 말은 신
묘하게 변화시키는 것이 바로 때까치가 알아들을 수 없는 말로 지
껄이는 것이 얕잡을 없는 것[躾舌]이다.

象曰 先王以하여 省方觀民하여 設教하리라는

勞於宣化也라

* 상전- "선왕은 이를 본받아 방소를 살피고 백성을 관찰하여 가르침을 베푼다"는 말은 교화의 베품에 노력하는 것을 뜻한다.

초 육 동 관　소 인 무 구 군 자 인
初六은 童觀이니 小人은 无咎요 君子는 吝이니라는

관 화 지 도 부 대 야
觀化之道가 不大也라

* 초효- "어린아이가 보는 것이니, 소인은 허물이 없고 군자는 인색하다"는 말은 보아서 살피는 교화의 도가 크지 않음을 뜻한다.

육 이 규 관　이 여 정
六二는 闚觀이니 利女貞하리라는

시 지 이 불 견　수 기 의 의
視之而不見이니 守其宜矣라

* 2효- "엿보는 것이니, 여자의 올바름이 이롭다"는 것은 보아도 보이지 않기 때문에 마땅한 것을 지키는 것을 가리킨다.

육 삼 관 아 생　진 퇴　관 역 다 술 야
六三은 觀我生하여 進退로다는 觀亦多術也라

* 3효- "나의 삶을 보아 나아가고 물러나도다"라는 것은 보는 것은 역시 많은 방법이다.

육 사 관 국 지 광　이 용 빈 우 왕
六四는 觀國之光이니 利用賓于王하니라는

만 방 혁 이 유 광　무 사 불 복 야
萬邦革而有光하니 无思不服也라

* 4효- "나라의 빛을 보는 것이다. 왕에게 손님접대를 받는 것이 이롭다"는 말은 만방이 개혁하여 빛남이 있으므로 생각하여 복

종하지 않음이 없는 것이다.

<ruby>九五<rt>구 오</rt></ruby>는 <ruby>觀我生<rt>관 아 생</rt></ruby>하되 <ruby>君子<rt>군 자</rt></ruby>면 <ruby>无咎<rt>무 구</rt></ruby>리라는 <ruby>王者之修己也<rt>왕 자 지 수 기 야</rt></ruby>라

* 5효-"나의 삶을 보되 군자면 허물이 없을 것이다"는 말은 왕이
스스로를 닦는 것[修己]을 뜻한다.

<ruby>上九<rt>상 구</rt></ruby>는 <ruby>觀其生<rt>관 기 생</rt></ruby>하되 <ruby>君子<rt>군 자</rt></ruby>면 <ruby>无咎<rt>무 구</rt></ruby>리라는

<ruby>生靈觀感<rt>생 령 관 감</rt></ruby>하여 <ruby>何咎之有乎<rt>하 구 지 유 호</rt></ruby>아

* 상효-"그 삶을 보되 군자면 허물이 없을 것이다"는 말은 신령스
런 관찰과 감응이 생겨나 어찌 허물이 있겠는가?

風火家人

가인家人은 가족을 뜻한다. 가인괘에서 말하는 가족의 구성은 5효 아버지와 2효 어머니를 중심으로 초효의 손자, 3효의 동생과 4효의 형, 상효의 할아버지로 이루어져 있다. 그것은 가족 공동체의 원만한 조화 속에 행복과 웃음이 깃든다는 사실을 일깨우고 있다.

Chapter 5

풍화가인괘風火家人卦
가정의 화목, 치국평천하의 첫걸음

1. 가정 윤리를 넘어 도덕의 세상으로 : 가인괘

정이천은 지화명이괘地火明夷卦(☷☲) 다음에 풍화가인괘(☴☲)가 오는 이유를 다음과 같이 말한다.

＊ 家人_은 序卦_에 夷者_는 傷也_니 傷於外者_는

必反於家_라 故受之以家人_{이라 하니라}

夫傷困於外則必反於內_{하나니} 家人所以次明夷_라

家人者_는 家内之道_니 父子之親_과 夫婦之義_와

尊卑長幼之序_로 正倫理篤恩義家人之道也_라

卦外巽內離^{하니} 爲風自火出^{이니} 火熾則風生^{이라}

風生自火^는 自內而出也^니

自內而出^은 由家而及於外之象^{이라}

二與五正男女之位於內外^{하여} 爲家人之道^{하니}

明於內而巽於外^는 處家之道也^라

夫人有諸身者則能施於家^{하고}

行於家者則能施於國^{하여} 至於天下治^{하나니}

治天下之道^는 蓋治家之道也^를 推而行之於外耳^라

故取自內而出之象^이 爲家人之意也^라

文中子書^에 以明內齊外爲義^{어늘} 古今善之^나

非取象之意也^라

所謂齊乎巽^은 言萬物潔齊於巽方^{이요}

非巽有齊義也^니 如戰乎乾^이 乾非有戰義也^라

가인은 「서괘전」에 '이夷는 상함이니 밖에서 상한 자는 반드시 집
으로 돌아오기 때문에 가인괘로 이어받았다'고 했다. 무릇 밖에
서 상하여 곤궁하면 반드시 안으로 돌아오니, 가인괘가 명이괘 다
음이 된 까닭이다. 가인은 집안의 도리이니 부자의 친함과 부부의

의와 존비와 장유의 질서로서 윤리를 바르게 하고 은혜와 의리를 돈독히 함이 가인의 도이다. 괘의 형성이 밖은 손이고 안은 리이니, 바람이 불로부터 나옴이 되니 불이 치성하면 바람이 나온다. 바람이 불로부터 생김은 안으로부터 나옴이니, 안으로부터 나옴은 집으로부터 밖으로 미치는 형상이다. 2효와 5효가 남녀의 위치를 안과 밖에 바르게 하여 가인의 도리가 되니, 안으로 밝고 밖으로 공손함은 집안에 처하는 도리이다. 대저 사람이 몸을 소유한 자는 집안에 시행할 수 있고 집안에 행하는 자는 나라에 시행할 수 있어 천하가 다스려짐에 이르니, 천하를 다스리는 도는 집안을 다스리는 도를 미루어 밖에 행할 따름이다. 그러므로 안으로부터 나오는 모양을 취함이 가인의 뜻이 된다. 문중자文中子의 책에는 안을 밝게 하고 밖을 가지런히 함을 뜻으로 삼았는데, 고금에 이를 좋게 여기나 모양을 취한 뜻은 아니다. 이른바 '제호손'은 만물이 손방에서 깨끗해지고 가지런해짐을 말한 것이요, '손'에 가지런하다는 뜻이 있는 것은 아니므로 '전호건'이 '건'에 싸운다는 뜻이 있는 것이 아닌 것과 같다.

가인괘의 위는 바람[風☴]이고, 아래는 불[火☲]로서 불기운이 안에서 생겨나 밖으로 전달되는 모습을 상징한다. 상처 입어 암울한 형세가 명이괘라면, 사회에서 입은 상처를 집으로 돌아와 치유하는 것이 가인괘의 가르침이다. 집은 밥먹고 잠자는 포근한 안식처다. 관광지 숙박업소는 일년 내내 들썩거리지만, 낡고 비좁은 공간일지라도 평생 마음 놓고 발 뻗을 수 있는 휴식처는 집뿐이다. 집은 가족의 건강과 화합을 포근하게 감싸 안는 보금자리인 것이다.

가인家人은 가족을 뜻한다. 가인괘에 따르면, 가족은 5효 아버지와 2효 어머니를 중심으로 초효의 손자, 3효의 동생과 4효의 형, 상효의 할아버지로 구성된다. 가인괘의 구조는 가족 공동체의 원만한 조화 속에 행복과 웃음이 깃든다는 사실을 일깨우고 있다. 결손가정에서 갖가지 불행이 싹튼다는 우울한 뉴스가 경종을 울린다는 점에서 사회와 국가는 가정의 안정을 위해 완벽한 복지정책을 펼쳐야 할 책무가 있다.

『주역』은 혈연관계를 중심으로 하는 가정을 윤리의 출발점으로 설정한다. 가정은 사람이 태어나서 사람다운 삶을 배우는 소중한 공간이다. 가정은 사람에게 가장 절실히 요구되는 사랑의 소중함을 느끼는 요람이다. 자식 없는 부모는 웬지 외롭고, 부모 없는 자식은 슬프다. 조부모 없는 손자는 좋은 버릇을 배울 바가 없고, 손주 없는 할머니는 사랑을 베풀 대상이 없다. 부모의 자식사랑 만큼 지극한 것은 없다. 세상에는 수많은 명언이 있지만, 평범과 비범을 넘나드는 '가화만사성家和萬事成'을 능가하는 격언은 없을 것이다.

2. 가인괘 : 세상은 정도를 지키는 여자가 많아야

가 인   이 여 정
★ 家人은 利女貞하니라

가인은 여자가 올바르게 함이 이롭다.

동서양을 막론하고 가정은 사회를 구성하는 최소 단위인 동시에 모든 공동체가 성장하는 모체다. 아이들은 가정으로부터 건전한 사회관과 국가관과 인간사랑을 배워 앞날을 준비한다. 아이들이 배우는 가정의 도리는 무엇이고, 어른들은 아이들을 어떻게 가르칠 것인가?

아주 중대한 문제이다. 국가는 헌법을 바탕으로 국민의 생명과 재산을 보호해야 할 책임이 있듯이, 가장은 가족들의 건강과 행복을 지킬 수 있는 건강한 가풍을 만든다. 가풍은 하루아침에 이루어지지 않는다. 최고의 가풍은 올바름[貞^정]과 사랑[愛^애]을 실천하려는 의지에 달려 있는 것이다.

'가인'에는 가족 또는 가장과 여주인이라는 뜻이 있다. 가정의 대들보는 남자이지만, 보이지 않는 곳에서 남자를 버텨주는 기둥은 여자다. 여자의 역할을 동양경전에서 『주역』만큼 강조한 것은 없다. 가인 괘 괘사는 무지한 남성우월주의를 거부할 뿐만 아니라 성차별주의 또는 극도한 페미니즘도 인정하지 않는다. 『주역』은 남성과 여성의 공존과 공생을 통한 양성 평등주의를 지향하는 점에서 당시로는 매우 파격적인 주장을 펼쳤다.

아버지는 '압(→앞) + 엇[親^친] + 이(주격조사)'로 만들어진 낱말이다. 아버지는 '앞'이라는 의미에서 출발했으며, 이런 까닭에 한 집안의 가장家長인 아버지라는 낱말이 탄생했다. 어머니의 어원은 '엄(→암) + 엇[親^친] + 이(주격조사)'로 분석된다. 어머니의 출발점은 '엄'이다. '엄'은 간단한 모음교체로 '암'이 되고, '암'은 암컷이다. 암컷의 역할은 후손의 생산이다. 그리고 어머니는 '아기를 업다'는 쓰임에서 생겼다. 여기서 아버지의 '앞'과 대립되는 개념이 발견된다. '업'은 '엄'에서 갈라져 나온 형태라는 추론을 생각할 때, 엄마의 방위는 아버지와 대립되는 '뒤'가 되는 것이다.

아버지는 한 가정이 나가야 할 방향을 정하는 존재이며, 어머니는 그 방향으로 힘차게 나갈 수 있도록 뒤에서 떠받쳐주는 존재여야 한다. 얼마 전까지만 해도 자동차의 구동원리는 후륜구동이 전부였다. 뒷바퀴에 동력을 전달하면 뒷바퀴가 굴러가는 힘에 의해 자동차가 전진한다는 원리이다. 이때 앞바퀴는 좌우방향을 결정할 뿐이다. 자동차의 뒷바퀴가 돌면서 자동차를 앞으로 미는 것과 같은 원리다.

결국 어머니는 가정을 움직이는 동력이 된다. 반면에 아버지는 가정이 나갈 방향을 지시하는 향도다. 바로 자동차의 앞바퀴가 맡은 역할과 같다. 이처럼 어머니는 단순한 생산 수단이 아니다. 집안의 동력이며, 집안의 활력소다. 이밖에도 어머니가 가정의 원동력이란 사실을 또다른 우리말에서 찾을 수 있다. 바로 '살림살이'라는 낱말이다. 살림살이는 여자라는 존재가 가정을 꾸려가기 위해 어쩔 수 없이 행해야 하는 무가치한, 여자의 '자기찾기'를 무시하는 낱말이 아니다. 오히려 살림살이는 너무도 숭고한 역할이며, 여성의 어떤 활동보다도 높은 가치가 부여되어야 할 활동이다.[56]

> ☞ 인류의 절반을 차지하는 여성은 세상 살림살이의 활력소인 동시에 원동력이다.

3. 단전 : 남녀의 일이 곧 천지의 일

★ 象曰 家人은 女正位乎内하고
  단 왈 가 인   여 정 위 호 내

---

56 강주현, 『나는 여성보다 여자가 좋다』(서울: 황소걸음, 2003), 36-40쪽 참조.

男이 正位乎外하니 男女正이 天地之大義也라
<small>남 정위호외 남녀정 천지지대의야</small>

家人이 有嚴君焉하니 父母之謂也라
<small>가인 유엄군언 부모지위야</small>

父父子子兄兄弟弟夫夫婦婦而家道正하리니
<small>부부자자형형제제부부부부이가도정</small>

正家而天下定矣리라
<small>정가이천하정의</small>

단전에 이르기를 여자는 안에서 그 위치를 올바르게 하고, 남자
는 밖에서 그 위치를 올바르게 하니 남녀가 올바르게 함이 천지
의 위대한 의리이다. 가인이 엄한 인군이 있으니 부모를 일컬음이
다. 아비는 아비답고, 자식은 자식답고, 형은 형답고, 동생은 동생
답고, 남편은 남편답고, 아내는 아내다워야 집안의 도가 올바르게
될 것이므로 집안을 올바르게 함에 천하가 안정될 것이다.

가인괘의 괘사는 가부장제도를 부추기지 않는 점이 주목된다. 과거
동양의 역사에서 여성은 남성의 그림자라는 이미지에 억눌려 왔다.
여성도 남성과 함께 동등한 인간이다. 원래 생물학적인 남성의 힘Might
이 곧 사회적 우월성이라는 주장은 이미 낡은 유산이 된 지 오래다. 남
성 위주의 제도와 도덕적 가치와 관습을 객관성으로 인식하는 기초
위에서는 여성의 자율성은 인정받기 어렵다. 애당초 『주역』은 남녀관
계의 역동적 균형의 세상을 꿈꾸었다고 할 수 있다. 잠든 여신이여, 일
어나라! 여성이여, 깨어나라!

남자와 여자는 천지가 낳은 위대한 선물이다. 『주역』은 가인괘에서
세상의 절반을 차지하는 남자와 여자를 공존과 공생의 관계로 규정
한다. 남자 없는 여자, 여자 없는 남자는 절름발이다. 다만 남자와 여

자의 역할 분담에 주목할 따름이다. 남자는 바깥일에 주로 종사하고, 여자는 집안일을 주로 맡아 살림을 책임진다는 것이다.

남자와 여자가 각각의 위치에서 살아감은 천지의 일에 관련되어 있다. 남자와 여자는 단순히 종족보존의 기능으로 축소되지 않는다. 남자와 여자가 만나 결혼하여 자식을 낳는 것은 천지라는 생명체의 지속성을 실현하는 위대한 창조적 사업이다. 가정은 천지의 축소판이요, 천지는 가정의 확대판인 것이다.[57]

가정은 천지의 생명을 잉태하고 퍼뜨리는 자궁이다. 가정을 사회의 도피처로만 인식하는 관념은 닫힌 가족관을 형성시킨다면, 가정을 세상사의 출발점으로 인식하는 태도는 열린 가족관을 형성한다. 따라서 과거처럼 남성과 여성을 대립관계로 파악하는 이분법은 올바른 가족관과는 어긋난다고 하겠다.

가인괘 2효는 어머니, 5효는 아버지를 표상한다. 2효와 5효는 각각 하괘와 상괘의 중용인 동시에 음양이 상응하는 관계를 이룬다. 가장은 가정의 실질적 중심[嚴君]이다. 엄군이라고 해서 가부장제도를 긍정하지 않는다. 왜냐하면 곧이어 아버지와 함께 어머니가 병칭되기 때문이다. 부모는 조상을 모시고, 자녀를 양육하여 생명을 길러내는 핵심축인 것이다.[58] 아버지의 엄격한 교육은 자식을 강인하게 키우고, 자

---

57 김홍호, 앞의 책, 106쪽, "천화동인天火同人은 인류가 하나라는 것이요, 풍화가인風火家人은 집안식구가 하나라는 말로서 이 둘은 규모가 다르지만 내용은 같다. '천하'를 축소하면 '집'이 되고, '집'을 확대하면 '천하'가 된다. 그리고 '나'를 확대한 것이 '나라'요, '나라'를 축소한 것이 '나'다. 개체와 전체의 관계다.

58 ①『도전』 2:83:5, "독음독양獨陰獨陽이면 화육이 행해지지 않나니" ②『도

애로운 어머니의 사랑은 타인을 가슴으로 품는 성품이 깃들도록 한다.

천지의 음양은 남녀이고, 인간의 음양은 부부이다. 음양은 천지를 비롯하여 세상만사를 설명하는 보편개념이다. 천지의 아들딸인 가족이 비록 혈연으로 맺어졌을지라도 사회적 역할은 다르다. 같은 형제자매일지라도 태어난 순간부터 각기 다른 사명을 떠맡는다. 어린이는 보호받아야 마땅하고, 자라서 어버이가 되어서는 어버이 역할을 충실히 수행해야 한다. 시간과 공간에 따라서 쟈신의 책임과 의무를 다하라는 것이 바로 가인괘의 가르침이다. 여기서 유교의 정명사상正名思想이 등장하는 것이다.

공자는 가인괘에 근거해서 안정된 사회를 이룩하는데 가장 중요한 것은 정명正名의 확립이라고 결론지었다. 제자인 자로子路가 정치의 요체에 대해 묻자 공자는 실제 사물에 붙인 이름[名]과 그 내용·[實]이 일치하는 '명실상부名實相符'라고 대답했다.[59] 그 구체적 방안에 대해서 공자는 "임금은 임금다워야 하고, 신하는 신하다워야 하고, 아버지는 아버지다워야 하고, 아들은 아들다워야 한다"[60] 고 했다. 사람은 부모로부터 육체와 정신(내용)과 이름(형식)을 부여받고, 사회적으로는 각자의 이름(임금, 신하, 아비, 아들)에 부합하는 행위를 실천해야 하는 당위성이 있는 것이다.

전』 6:34:2, "천지에 독음독양獨陰獨陽은 만사불성萬事不成이니라."

59 『논어論語』「자로子路」, "子路曰 衛君이 待子而爲政하시나니 子將奚先이시리잇고 子曰 必也正名乎인저"

60 『논어論語』「안연顏淵」, "齊景公이 問於孔子한대 孔子對曰 君君臣臣父父子子니라"

임금이 왕도를 실현하는 것은 임금다운 행실[君君]이고, 신하는 임금을 보필해서 나라를 부강하도록 하는 것이 신하다운 행실[臣臣]이고, 아비는 가장으로서 처자식을 돌보는 것이 아비다운 행실[父父]이고, 생명을 준 부모에게 효도하여 은혜에 보답하는 것[子子]은 자식의 도리이다. 임금이 왕도를 저버리고 패도로 나아가면 임금의 도리에 어긋난다. 신하가 임금을 무시하고 오만불손한 행동을 보이는 것은 신하의 자격이 없고, 아비가 가족을 돌보지 않는 행위는 가장으로서의 책임포기이며, 자식이 어버이를 섬기지 않는 행위 역시 옳지 않다.『주역』과 공자는 형식(이름)과 내용(실질)의 일치(실천)야말로 천지의 목적을 실현하는 숭고함으로 단정했던 것이다.

유교의 궁극목적은 개인의 도덕적 가치를 사회적으로 구현하는 것에 있다. 즉 가정윤리의 사회화를 겨냥하여 인류에게 봉사하는 것이 천지가 생명을 낳는 목적에 부합하는 것으로 본다. 가정이 화목하게 제대로 돌아가면 세상도 올바르게 굴러가 안정된다. 가정의 구성원들은 혈연집단의 영예만을 드높이는 울타리 안에 갇혀서는 안 된다. 각기 맡은 바 위치와 분수를 지켜 사회의 안녕에 이바지해야 한다. 이것이 바로 유교가 지향하는 '수신제가치국평천하'의 가르침인 것이다. '평천하'의 전단계는 '제가'이며, '제가'의 전단계는 '수신'으로 환원된다. 결국 가인괘는 가정의 화목에서 현실적인 유토피아를 꿈꾼 점에서 지극히 평범한 깨우침을 주고 있다.

> ☞ 천하는 가정의 확대판이요, 가정은 천하의 축소판이다.
> 치국평천하는 가정의 평안함으로부터 시작한다.

4. 상전 : 세상의 번영은 가정의 화목으로부터

＊ 象曰風自火出이 家人이니 君子以하여

言有物而行有恒하나니라

상전에 이르기를 바람이 불로부터 생기는 것이 가인이니, 군자는
이를 본받아 말에는 실질이 있고 행동에는 항상성이 있게 한다.

동서양의 철학자들은 생명체는 물로 빚어졌고 생명의 활기는 불로
이루어진다고 주장하였다. 물과 불은 천지를 움직이는 영원한 물레방
아다. 천지생명의 공간적 확대는 바람이 북돋운다. 바람은 에너지를
이곳저곳으로 전달하는 생명의 전령사인 셈이다. 군자는 불과 바람이
빚어내는 생명의 창조적 공능을 본받아 언어행위에는 진실만을 말해
야 하고, 행동은 항상성을 지켜야 마땅하다.

우리 속담에 "집안이 잘 되려면 며느리가 잘 들어와야 한다"는 말
이 있듯이, 가정의 화목은 여자 손에 달려 있다고 하겠다. 8괘에서 바
람은 장녀, 불은 중녀이다. 하지만 가인괘에서 바람은 며느리, 불은 시
어머니로 변형되어 나타난다. 바람이 불로부터 나오는 것처럼 집안에
서 일어나는 유형무형의 일들은 밖으로 퍼져나간다. 불은 바람이 부
는 대로 밖으로 번져나간다. 시어머니와 며느리의 궁합이 잘 맞아야
가족의 건강과 집안의 번성을 기약할 수 있다. 집안의 잘잘못은 여자
하기에 달려 있는 것이다.

64괘에서 사람 '인人'자가 들어간 것은 동인괘同人卦와 가인괘家人

䷱ 둘 뿐이다. 전자는 바깥사람을 가리키고, 후자는 안사람을 뜻한다. 그래서 동인괘의 군자(남자)는 바깥일에 종사하므로 "사람들과 뜻을 같이하는 것을 들에서 하면 형통하리니 큰내를 건너는 것이 이로우며, 군자의 올바름이 이롭다[同人于野, 亨, 利涉大川, 利君子, 貞]"고 했으며, 가인괘의 여자는 집안일을 맡았으므로 "여자가 올바라야 길하다[利女貞]"고 했던 것이다. 시어미와 며느리는 집안의 태양이기 때문에 '안해'에서 아내의 어원이 생겨났던 것이다. 이처럼 가인괘는 여자의 길을 제시하고 있다.

「상전」은 가정을 불로 비유하고, 사회와 국가는 바람으로 비유했다. 세상의 번영은 가정의 화목에서 비롯된다는 말이다. 가정의 불화는 세상의 부조화로 직결되기 때문에 가족간의 사랑이 가장 중요하다. 가정에서 싹튼 화목의 불길은 이웃에게 전달되고 사회에 전파된다. 화목의 씨앗은 사랑이다. 사랑을 샘솟게 하는 힘은 바람이다. 우리말에서 바람[風]은 곧잘 교육(가르침)과 깊숙이 연결되어 있다. '풍자화출風自火出', 바람이 불에서 나온다는 말은 집안이 화목하면 마을 곳곳에 화합의 잔치판으로 번진다는 뜻이다.

남자들이 바깥에서 일하는 행위의 표준 역시 가정사에서 비롯된다. 안에서 새는 바가지는 바깥에서도 샌다는 말이 있다. 그것은 가정사가 사회로 전이된다는 부정적인 표현일 뿐이다. 남자는 집안에서 내뱉는 말조차도 신중해야 하고, 행동은 중량감이 있어야 한다. 언행을 함부로 구사해서는 위신이 서지 않는다. 실질 없는 행위는 그 누구도 따르지 않기 때문이다. 거짓 없는 언행이야말로 군자의 덕목이다.

☞ 가정사는 사회 교화에 직결되는 까닭에 올바른 언행이 매우 중요하다.

5. 초효 : 가정교육이 집안의 미래를 결정한다

＊ 初九^{초구}는 閑有家^{한유가}면 悔亡^{회망}하리라

象曰^{상왈} 閑有家^{한유가}는 志未變也^{지미변야}라

초구는 집에서 익히면 후회가 없어질 것이다. 상전에 이르기를 '집에서 익힌다'는 것은 뜻이 변하지 않는 것이다.

초효는 양이 양자리에 있고[正], 하괘의 중용에는 미치지 못하나[不中], 음인 4효와는 상응한다. '가인'은 순수 우리말로 집사람을 뜻한다. '한閑'은 원래 울타리라는 의미로서 가축을 가두는 우리를 가리킨다. 여기서 미리 예방하다, 집단속 하다, 혹은 익히다라는 뜻이 파생되었다.

가인괘의 구성은 크게 보아서 하괘는 여자를, 상괘는 남자를 뜻한다. 초효는 하괘의 가장 아래에 있기 때문에 아직 시집가지 않은 딸, 2효는 시집온 며느리, 3효는 시어머니의 위상이다. 특히 시집가지 않은 딸이 예의범절을 배우고 익혀서 결혼하면 시댁식구들과의 불화를 최소화할 수 있다. 조선시대의 친정어머니는 딸에게 내칙內則을 가르쳐 여성의 역할이 몸에 익도록 가르쳤다. 친정어머니는 같은 여자의 길을

걷는 딸에게 일상생활의 규범을 사랑으로 차근차근 가르쳤던 것이다.

남녀를 불문하고 처음부터 엄격한 규율을 배우지 않고 제멋대로 행동하면 그릇된 습관이 몸에 배기 쉽다. 행동거지가 이미 망가진 뒤에 그때 가서 새삼스럽게 아무리 예의규범을 들먹이면서 후회해도 소용이 없다.

처녀가 몸가짐과 마음가짐에 대한 규범을 익히지 않고 시집간다면 스스로를 단속하기에는 너무 늦다. 가인괘 어디에 여자를 하인 취급하라고 했는가! 어릴 때의 가정교육이 집안의 미래를 결정한다. 어릴 때의 교육이 사람됨의 성숙에 끼치는 영향이 지대하다는 뜻이다. 처음 먹은 마음이 바뀌면 안 되기 때문에 불교 역시 초발심初發心의 중요성을 강조했던 것이다.

조선은 여성에 대한 교육이 집안과 국가의 흥망에 매우 중요하다고 생각하여 여성에게 성인의 도리를 가르칠 목적으로 『내훈內訓』을 비롯한 수많은 교훈서를 간행하였다. 그것은 당시의 조선사회가 요구하고 있는 여성상을 묘사한 점에 한계가 있다고 지적되고 있으나, 시대를 초월하여 바람직한 여성의 길을 모색했던 고민을 무시할 수는 없다. 교훈서에서 여성상을 제시한 방법에는 두 가지가 있다. 하나는 거시적인 우주론에서 연역하는 방법이고, 다른 하나는 수행론으로 귀납하는 방법이다.

☞ 여성에 대한 교육이 삶을 질을 향상시키는 빠른 길이다.

6. 2효 : 여성의 희생정신은 위대하다

★ 六二_는 无攸遂_요 在中饋_면 貞吉_{하리라}

象曰 六二之吉_은 順以巽也_{일새라}

육이는 이루는 바가 없고, 중용을 지키면서 정성스레 밥을 지어 올리면 올바르게 하여 길할 것이다. 상전에 이르기를 '육이가 길 함'은 순응으로 공손하기 때문이다.

2효는 음이 음자리에 있고[正], 하괘의 중용을 굳게 지키고 있으며 [中], 양효인 5효와 상응한다. 2효는 며느리 자리이다. 며느리는 막중 한 책임이 있으나, 고집 부려 독단으로 처신하면 이루는 바가 없다. 며 느리가 시어머니와 가족 전체의 뜻을 참고하여 분란이 일어나지 않도 록 집안일을 처리하는 것이 얼마나 겸손한 처신인가. 가정의 중심체이 면서 5효와 마음의 협의를 통해 처신하는 며느리의 지혜가 돋보인다.

여성은 위대하다. 남편 뒷바라지와 아이들 양육, 정성이 듬뿍 담긴 제사상 차리기와 손님접대 등 여자의 손길이 닿지 않으면 집안일이 제대로 돌아가지 않는다.

밥 식食과 귀할 귀貴의 합성어인 궤饋는 조상에게 올리는 제사밥을 뜻한다. 특히 안주인은 밥을 지어 봉제사奉祭祀를 받들고, 친인척 관 리를 맡아 집안의 대소사를 처리한다. 시어머니로부터 장 담그는 비법 과 맛있는 된장찌개 끓이는 방법을 배워 가족들의 입맛을 돋구는 일 모두가 며느리 손에 달렸다. 며느리의 손맛이 식탁을 더욱 풍요롭게 만든다. 요리솜씨와 바느질 솜씨마저 좋으면 주부로서 금메달은 따 놓은 당상이다.

괘의 기능상 2효는 아내, 5효는 남편이다. 그것은 아내와 남편이 손을 맞잡고 살림살이를 꾸려가는 형상이다. 아내는 자신의 뜻만을 내세우지 않고, 남편과 상의하여 정도를 지키므로 길하다. 남편에 대한 순응과 공손이 전제되어 있기 때문에 여성의 역할을 축소 또는 억압하는 논리로서 전근대적이고 봉건주의 잔재라고 비판할 수도 있다. 하지만 가정에서 어느 누구의 희생 없이는 평화가 유지될 수 없다는 점을 고려할 때, 여성의 순종이 한층 빛날 수 있는 것이다.

> ☞ 여성의 행복은 순응과 공손의 방법으로 가정을 이끄는
> 것에 있다.

7. 3효 : 가풍은 엄격함과 관대함의 조화에서

* 九三은 家人이 嗃嗃하니 悔厲나 吉하니
  婦子嘻嘻면 終吝하리라
  象曰 家人嗃嗃은 未失也요
  婦子嘻嘻는 失家節也라

구삼은 가인이 엄숙하게 하니 위태로워 뉘우치나 길하니, 부녀자

들이 희희덕거리면 마침내 인색할 것이다. 상전에 이르기를 '가인이 엄숙함'은 잃지 않음이요, '부녀자들이 희희덕거림'은 집안의 절도를 잃음이다.

3효는 양이 양자리에 있으나[正], 하괘의 중용을 지나쳐 있고[不中], 상효와는 감응하지 않는다. 3효는 집안의 어른인 시어머니[家人; 집사람, 안주인] 자리이다. 시어머니가 큰 소리 치면서 며느리(2효)와 딸(초효)의 잘못을 꾸짖으면 집안 분위기가 가라앉아 잠시 위태로울(시끄러워질) 수 있다. 그것은 시어머니의 권위만을 내세우기 위한 궁여지책이 아니라 가풍을 바로잡는 유일한 방책이므로 결국에는 길하다.

'학학嗃嗃'은 아랫사람을 꾸짖는 고함소리를, '희희嘻嘻'는 낄낄거린다는 뜻으로서 집안 분위기가 흐트러지는 모습을 형용한 단어다. 부녀자들이 어른을 무시하고 수군거리면서 희희덕거리면 그 집안은 망쪼들린다. 어른은 아랫사람을 때로는 꾸짖기도 하여 권위를 잃지 말아야 하고, 때로는 봄바람처럼 너그럽게 말하여 볼멘소리가 나오지 않도록 해야 한다. 집안의 평화와 절도를 잃지 않기 위한 최선의 방책이기 때문이다.

3효는 가족 구성원의 고급스런 행실을 권유하고 있다. 어른은 아랫사람을 사랑으로 대하고, 아랫사람은 웃사람을 정성으로 모시면 저절로 웃음꽃이 필 것이다. 자연이 질서를 잃으면 재앙이 오듯이, 집안 역시 절도를 잃으면 화합이 깨진다. 가정의 문란은 자신의 분수를 헌신짝처럼 팽개치고 방종으로 치닫는데서 비롯되기 때문에 질서의 준수

야말로 가장 소중한 약속인 것이다.

☞ 웃음 넘치는 집안은 가족 간의 화합을 통해 이루어진다.

8. 4효 : 살림키우는 여자는 칭찬받아 마땅하다

＊ 六四는 富家니 大吉하니라
_{육 사} _{부 가} _{대 길}

象曰 富家大吉은 順在位也일새라
_{상 왈} _{부 가 대 길} _{순 재 위 야}

육사는 집을 부자되게 하니 크게 길하다. 상전에 이르기를 '집을
부자되게 하여 크게 길함'은 순한 것이 그 위치에 있기 때문이다.

4효는 음이 음자리에 있으나[正], 상괘의 중도에는 아직 미치지 못
한다[不中]. 가정의 기초는 화목과 경제생활의 두 축으로 이루어진다.
그 중에서도 경제가 뒷받침되지 않으면 화목 또한 공염불에 불과하기
때문에 4효는 가정경제의 중요성을 애기한다.

요즈음은 "건강하세요"라는 인사보다는 "부자되세요"라는 말이
유행한다. 사람은 꿈만 먹고 살 수 없다. 따뜻한 옷을 입고 배불리 먹
고 살기 위해서는 돈이 필요하다. 재테크를 위한 돈이 아니라 미래를
위한 투자는 그 쓰임새가 절실하다.

집안의 경제권은 안사람이 쥐는 것이 통례이다. 며느리는 아껴 쓰
고 시어머니는 돈을 모아 미래를 대비한다. 경제의 여유가 없으면 마

음의 여유도 없다. 마음의 여유는 지갑에서 생긴다는 뜻이다. 시어머니는 뒤주열쇠를 관리하고, 며느리는 알뜰살뜰 살림을 꾸리면 곳간이 가득 차기 마련이다. 여러 개의 통장은 집안을 풍요롭게 만든다[大吉]. 그렇다고 구두쇠처럼 돈 쓰기에 인색해서는 안 된다. 쓸 데는 아낌없이 쓰고, 낭비는 절대 금물이다.

> ☞ 가정 경제의 안정은 사회와 국가의 번영으로 직결된다.

9. 5효 : 사랑은 가정을 유지하는 열쇠

* 九五는 王假有家니 勿恤하여 吉하리라

象曰 王假有家는 交相愛也라

구오는 왕이 집안을 지극히 하니 근심하지 않아 길할 것이다. 상전에 이르기를 '왕이 집안을 지극히 함'은 사귀어 서로 사랑함이라.

5효는 양이 양자리에 있고[正], 상괘의 중용을 지켜[中], 음인 2효와도 잘 감응한다. 여기서 말하는 왕은 가정의 심장부인 가장을 가리킨다. 가장은 왕의 자격으로서 거침없이 집안을 다스려야 걱정거리가 없어지고 편안해진다. '격假'을 왕필은 '바로잡을 격格'으로 읽고, 정이천은 '이를 지至' 또는 '지극할 극極'으로 풀이하고, 주자는 '성심성의[至]'로 풀이했다.

가장은 아무리 작은 집단인 가정일지라도 구성원을 일심으로 다독

거려야 평안해질 수 있다. 마음이 솟구치지 않으면 만사가 이루어지지 않는다. 가장은 사랑의 힘으로 가족을 뭉치게 하는 구심체다. 며느리 사랑은 시아버지가 유별나다고 했다. 예전에는 며느리가 시어머니 눈치를 살폈는데, 지금은 오히려 시어머니가 며느리 눈치를 살피는 처지로 바뀌었다. 고부갈등은 상대방 동정을 살피는 데서 생긴다.

가족 간의 갈등을 해소시킬 수 있는 대안은 배려와 사랑뿐이다. 사랑은 증오마저도 가라앉히는 소중한 가치이다. 가장은 갈등을 잠재우고 사랑을 키워야 한다. 유교에서 말하는 이른바 '오륜五倫'의 밑바탕에는 사랑과 믿음이 깊숙이 배어 있다. 만약 『주역』의 가르침이 혈연에만 호소한다면 가정윤리의 한계를 벗어날 수 없을 것이다.

가족은 혈연과 사랑으로 맺어진다. 특히 가인괘는 시어머니가 집안을 꾸려가는 무기는 권위나 경험의 소산이 아니라 '사랑[愛]'임을 강조한다. 묵가墨家의 종지가 '사귐은 이익을 서로 나눔[交相利]'에 있다면, 가인괘는 '서로 사랑으로 사귐을 나눈다[交相愛]'는 원칙을 세웠다. 묵가가 이익을 중심으로 사회의 안전판을 구축하려 했다면, 『주역』은 가정과 인류평화를 담지할 수 있는 보편적 가치를 사랑으로 설정하고 있다.

> ☞ 사랑은 가정과 인류 평화를 담지할 수 있는 고귀한 가치이다.

10. 상효 : 믿음과 위엄으로 스스로를 연마하라

★ 上九_는 有孚_코 威如_면 終吉_{하리라}
  <small>상 구   유 부   위 여   종 길</small>

象曰 威如之吉_은 反身之謂也_라
<small>상 왈 위 여 지 길   반 신 지 위 야</small>

상구는 믿음을 두고 위엄 있게 하면 마침내 길할 것이다. 상전에
이르기를 '위엄 있게 하여 길함'은 몸을 반성함을 일컫는다.

상효는 양이 음자리에 있고[不正], 상괘의 중도를 지나쳤으며[不中],
3효와도 상응하지 않는다. 상효는 집안의 제일 어른인 할아버지에 해
당하는 자리를 뜻한다. 가정에서 할아버지는 혈연의 뿌리인 동시에
경륜의 정점에 선 존재다. 할아버지는 후손들에게 믿음과 존경의 대
상이어야지 권위를 자랑해서는 안 된다. 믿음 없는 권위는 독선이고,
권위 없는 믿음은 유약하기 짝이 없다. 위엄과 믿음을 동시에 갖추어
야 타인의 모범이 될 수 있다.

위엄은 학교에서 배워 익힐 수 있는 학과목 아니다. 스승이나 선배
는 위엄의 간접적 모델이 될 수 있으나, 믿음과 위엄은 물건처럼 주고
받을 수 있는 성질의 것이 아니다. 평소에 덕을 닦고 실천하면 저절로
말과 행동으로 묻어난다. 위엄과 믿음은 외형적인 지식쌓기로 이루어
지지 않는다. 그것은 자신을 뒤돌아보는 내면적인 마음닦기로부터 출
발한다. 타인에게는 한없는 사랑을 베풀고, 자신에게는 엄격한 태도
를 취하는 것이 바로 수신修身(= 反身)의 본질이다.

물론 자신을 닦지 않아도 가정을 꾸릴 수는 있다. 수신과 제가를 원

인과 결과라는 인과론으로 간주해서는 곤란하다. 반드시 수신이 끝난 다음에야 제가의 단계로 넘어간다면, 수신의 완결 여부에 대한 종지부를 찍을 수 없다. 제가와 치국의 요건이 완비되어야만 평천하로 전환된다는 논리가 성립되어 무한퇴행이 지속될 수밖에 없다. 맨날 수신만 하다가 인생은 끝날 것이다. 수신과 제가와 치국과 평천하는 과정적 실천인 것이다.

☞ 위엄과 믿음은 자신을 뒤돌아보는 내면적인 마음 닦기로부터 생긴다.

---

11. 주역에서 정역으로

정역사상의 연구자 이상룡李象龍은 가인괘의 성격을 다음과 같이 설명한다.

_가 _{재 문 종 우 종 시}
家는在文從宇從豕라

_{개 인 지 지 우 여 시} _{이 재 우 주 내 지 의 야}
盖人之至愚如豕니而在宇宙内之義也라

_{인 재 문 위} _{곤 자 지 우 변 이 획 야}
人在文爲 ━ ━ ━ 이니卑字之右邊二畫也라

_{위 괘 화 내 풍 외} _{풍 자 화 출}
爲卦火内風外니風自火出이라

_{개 화 치 풍 맹} _{수 석 천 변} _{토 득 정 위}
盖火熾風猛하니水汐天邊하고土得正位하여

_{연 후 자 천 자 지 어 서 인} _{정 가 지 풍}
然后自天子至於庶人으로正家之風이라

風動天下에古所謂胡越夷狄一變하여
_{풍 동 천 하　고 소 위 호 월 이 적 일 변}

至道天下一家而文明之化라
_{지 도 천 하 일 가 이 문 명 지 화}

巽順之道가
_{손 순 지 도}

繼二南普洽周遍於五百四十萬里之區域者此也라
_{계 이 남 보 흡 주 편 어 오 백 사 십 만 리 지 구 역 자 차 야}

而反睽得正이正家爲先이니故次於睽也라
_{이 반 규 득 정　정 가 위 선　고 차 어 규 야}

"집 가家는 문자로 집 우宇와 돼지 시豕에서 온 것이다. 대개 사람
이 돼지처럼 지극히 어리석으나, 우주 안에 의리가 있다. 사람이
라는 글자는 ─,‥의 뜻으로 乂의 오른쪽 두 획으로 이루어졌다.
괘의 구성은 불은 안이고, 바람은 밖이므로 바람이 불로부터 나
온 것이다. 대개 불길이 거셀수록 바람은 사나우며, 밀물이 하늘
가장자리까지 밀리며, 토土가 정위를 얻은 뒤에야 천자로부터 보
통사람에 이르기까지 가풍이 올바르게 된다. 바람이 천하에 부는
것이 옛날의 이른바 만주족[胡]의 문화가 이적夷狄을 넘어서 한
번 변하여 도가 천하일가의 문명의 교화에 이르렀다. 공손하고 순
응하는 도리가 이남二南을 계승하여 540만리의 구역까지 윤택하
게 만드는 것이 바로 그것이다. 어긋나는 것을 돌이켜 올바름을
얻음이 집안을 올바르게 하는 것이 가장 우선이기 때문에 규괘
다음인 것이다.

象曰 家人은利女貞하니라는
_{단 왈 가 인　이 여 정}

无極會上에地政正固也라
_{무 극 회 상　지 정 정 고 야}

* 단전-"가인은 여자가 올바르게 함이 이롭다"는 것은 무극이 열

리는 시간대에 땅의 정사가 올바르게 정착되는 것을 뜻한다.

상왈 군자 이　유 언물 이 행유 항
象曰君子以하여**言有物而行有恒**하나니라는

추유 인무　행 형 화 지 대 도 야
推有認无하여**行形化之大道也**라

  * 상전-"군자는 이를 본받아 말에는 실질이 있고 행동에는 항상
    성이 있게 한다."라는 말은 유有의 현상을 미루어 무无의 경계를
    인식하여 형체가 변화하는 대도를 실천하는 것을 뜻한다.

초구　한유 가　회 망
初九는**閑有家**면**悔亡**하리라는

하 민 무 가 이 유 가　은 위 시 행 야
下民无家而有家에**恩威始行也**라

  * 초효-"집에서 익히면 후회가 없어질 것이다"라는 말은 집 없는
    아래 백성들이 집을 갖게 만드는 것이 은혜와 위엄이 시행되는 시
    작이다.

육 이　무 유 수　재 중 궤　정 길
六二는**无攸遂**요**在中饋**면**貞吉**하리라는

후 비 지 덕 화 야
后妃之德化也라

  * 2효-"이루는 바가 없고, 중용을 지키면서 정성스레 밥을 지어
    올리면 올바르게 하여 길할 것이다." 이는 후비后妃의 덕화를 가
    리킨 것이다.

구 삼　가 인　학 학　회 려　길
九三은**家人**이**嗃嗃**하니**悔厲**나**吉**하니

부자희희 종린
婦子嘻嘻면終吝하리라는

계지일원 실기가제야
悔之一元이면失其家齊也라

> * 3효- "가인이 엄숙하게 하니 위태로워 뉘우치나 길하니, 부녀자
> 들이 희희덕거리면 마침내 인색할 것이다."라는 말은 끝끝내 똑같
> 다면 집안이 가지런해지지 않는다는 뜻이다.

육사 부가 대길
六四는富家니大吉하니라는

전오음공 기부차곡야
典午陰功하여旣富且穀也라

> * 4효- "집을 부자되게 하니 크게 길하다"는 말은 오午의 시기를
> 본받아 남모르는 공덕을 쌓으면 이미 부자이면서 곡식이 넘쳐날
> 것을 의미한다.

구오 왕격유가 물휼 길
九五는王假有家니勿恤하여吉하리라는

내유현비 이정천하야
內有賢妃니以正天下也라

> * 5효- "왕이 집안을 지극히 하니 근심하지 아니해도 길할 것이
> 다."라는 말은 안으로 현명한 왕비가 있는 까닭에 천하가 바르게
> 된다는 것이다.

상구 유부 위여 종길 이엄치평야
上九는有孚코威如면終吉하니라는 以嚴治平也라

> * 상효- "믿음을 두고 위엄 있게 하면 마침내 길할 것이다."라는
> 말은 엄정함으로써 치평治平한다는 뜻이다.

火澤睽卦

가인괘를 거꾸로 뒤집어엎으면 규괘가 된다. 규는 어그러져 반목과 질시를 뜻하는 단어다. 그것은 두 눈으로 사물을 똑바로 직시하지 않고, 각각 상반된 시각으로 두 가지 견해를 내놓아 갈등상태에 돌입함을 상징한다. 세상을 움직이게 하는 힘은 분열과 통일 운동이듯이, 상극과 분열 속에는 상생과 통합이 전제되어 있다는 것이 곧 규괘의 가르침이다.

Chapter 6

화택규괘火澤睽卦
대립에서 화해로

1. 상극을 넘어 상생의 세상으로 : 규괘

정이천은 풍화가인괘(☲☴) 다음에 화택규괘(☲☱)가 오는 이유를 다음과 같이 말한다.

규　서괘　가도궁필괴
睽는 序卦에 家道窮必乖라

고수지이규　규자　괴야
故受之以睽하니 睽者는 乖也라 하니라

가도궁즉규괴이산　리필연야
家道窮則睽乖離散은 理必然也라

고가인지후　수지이규야
故家人之後에 受之以睽也라

위괘상리하태　리화염상
爲卦上離下兌하니 離火炎上하고

태 택 윤 하　　이 체 상 위　규 지 의 야
兌澤潤下하여 二體相違는 睽之義也라

우 중 소 이 녀 수 동 거 이 소 귀 각 이
又中少二女雖同居而所歸各異하니

시 기 지 부 동 행 야　　역 위 규 의
是其志不同行也니 亦爲睽義라

규괘는 「서괘전」에 '집안의 도는 궁하면 반드시 어그러지므로 규
괘로 이어받으니 규는 어그러짐이다'라고 했다. 집안의 도가 궁하
면 어그러지고 흩어짐은 필연적인 이치이다. 그러므로 가인괘의
뒤에 규괘가 이어받은 것이다. 괘의 형성은 리가 위이고 아래는
태이니, 리의 불은 타서 올라가고 태의 연못물은 적셔 내려가서
두 실체가 서로 어김이 규의 뜻이다. 또한 중녀와 소녀의 두 여자
가 비록 함께 동거하지만 돌아가는 바는 각각 다르니, 이는 그 뜻
이 한 가지로 가지 않음이니 또한 규의 뜻이 된다.

'규'는 어그러져 반목과 질시를 의미하는 단어다. 두 눈으로 하나
의 사물을 똑바로 직시하지 않고, 각각 상반된 시각으로 두 가지 견해
를 내놓아 갈등상태에 돌입함을 상징한다. 규괘의 위는 불[離:☲]이
고, 아래는 연못[兌:☱]이다. 가벼운 불은 위로 올라가고 무거운 못물
은 아래로 내려와 음양이 서로 어긋나는 방향으로 치닫는 모습이다.
규睽는 서로 등지고 멀어져 상반되는 괴리乖離 현상을 뜻한다. 가인괘
를 180° 뒤집어엎으면 규괘가 된다. 가인괘의 화합이 깨져 모순이 드
러나는 것이 규괘이다. 그래서 「잡괘전」은 "규는 밖이요, 가인은 안이
규 외 야　가 인 내 야
다[睽外也, 家人內也]"라고 하여 가인괘와 규괘의 관계를 속과 겉으
로 규정했던 것이다.

만물은 한 번은 화합했다가 다시 분열로 돌아선다. 규괘는 천지비天

地否(䷋)의 파국에 근접해 모순과 대립이 치열한 단계에 돌입했음을 표상한다. 지천태가 대인이라면, 천지비는 소인이다. 대인은 인의仁義, 소인은 불의不義의 대명사이다. 그것은 물과 불의 관계와 흡사하다. 물과 불이 대치하여 싸움을 일으키는 것을 일컬어 상극이라 한다. 물과 불이 한곳에서 제 살길을 찾으려고 몸부림치는 것이 상극운동이다. 상극이 소인의 취미이자 특기라면, 상생은 대인의 덕목이다.

상극과 상생은 천지의 기원과 생성에 대한 우주론의 전문 술어다. 상극은 문자적으로 '서로 극하여 제어한다, 대립한다, 경쟁한다'는 뜻이다. 상극이 주는 긴장과 갈등은 변화와 창조의 힘으로 작용한다. 과거 동양철학에서는 상생과 상극으로 우주는 순환반복한다는 이론을 세웠다. 하지만 일정한 시간대에 따라 지금의 상극 세상이 상생 세상으로 전환된다는 선후천론의 관점에서 풀이한 것은 조선조 말기의 정역사상이다.

'규睽'는 흘겨보면서 서로가 반목하여 상대를 원수로 여긴다는 부정적 용어다. 한국은 일제의 식민통치에서 해방된 이후, 남북한의 전쟁으로 인해 세계에서 그 유례가 없는 분단국가로 남아 있다. 남북한은 이질적인 집단으로 나뉘어 이념전쟁의 고아가 되었다. 아직도 38선을 중심으로 민족의 동질성을 잃어버린 채 냉전의 불씨가 살아 있다. 언제 민족상잔의 아픔을 극복하고 통일이 이루어 남북한 동포가 함께 번영을 누릴 수 있을까 하는 문제는 학술의 차원을 넘어서 겨레의 영원한 숙제이다.

한반도 분단이라는 민족의 운명을 우연하게 지적한 것이 바로 규괘 상효에서 말한 '모든 의심의 눈초리가 해소된다[羣疑亡^{군의망}]'라는 명제에 있다. 규괘는 건괘로부터 시작하여 38번 째의 괘이다. 더욱이 39번째 는 절름발이를 형용하는 건괘蹇卦이며, 40번째는 온갖 갈등과 대립과 모순이 해결된다는 해괘解卦이다. 『주역』이 남북분단과 통일을 예언 하고 있다는 막연한 신뢰감보다는 규괘의 가르침에서 민족의 고난을 적극적으로 대처하는 삶의 자세를 찾는 것이 훨씬 도움이 될 것이다.

2. 규괘 : 분열의 시기에는 처신을 심사숙고해야

★ 睽^규는 小事^{소사}는 吉^길하리라

규는 작은 일은 길할 것이다.

규괘는 집단 구성원의 결속력이 점차 와해되는 모양을 표상한다. 심 지어 여론조성의 지도력마저 저항에 직면하면 속수무책이다. 이익이 첨예하게 대립하는 난국을 돌파하기 위해서는 일치단결이 극약처방 이지만 상황이 여의치 않다. 큰일을 이루기에는 힘이 부족하고 여건이 성숙되지 못했다. 잠시 숨을 돌려야 한다. 규괘의 시대에는 사건사고 가 빈번하게 일어난다. 사고는 작을수록 좋다. 무사고는 금상첨화다. 무작정 대형사업을 기획하는 것보다는 차라리 작은 일에 충실하는 것이 낫다는 뜻이다.

규괘의 여섯 효는 한결같이 분열의 상황을 얘기하지만, 결국에는 질 시반목을 끝내고 다시 화합으로 돌아선다고 했다. 그러니까 분열의 시기에는 유연하게 대처하는 지혜를 발휘해야 한다. 상대방에 대한 어

색한 감정을 누그러뜨리고 대립에서 화합의 신호를 보내면 상대방 역시 평화의 손길을 보낼 것이다.

축구경기에서 힘든 정면돌파보다는 측면돌파가 더 효과적일 때가 있듯이, 기회를 엿보면서 작은 일에 힘쓸 경우가 있다. 규괘에서 말하는 작은 일[小事]은 5효의 음을 가리킨다. 5효는 음이 양자리에 있다. 즉 현실상황이 썩 여의치 않기 때문에 대사는 길하지 않고, 작은 일을 벌이기를 권장하고 있는 것이다.

> ☞ 타인에 대한 질시반목은 스스로가 쇠고랑을 차는 것과 같다.

3. 단전 : 세상은 분열과 통일 운동으로 돌아간다

단 왈 규   화 동 이 상   택 동 이 하
★ 象曰 睽는 火動而上하고 澤動而下하며

이 녀 동 거   기 지 부 동 행
二女同居하나 其志不同行하니라

열 이 리 호 명   유 진 이 상 행   득 중 이 응 호 강
說而麗乎明하고 柔進而上行하여 得中而應乎剛이라

시 이 소 사 길   천 지 규 이 기 사 동 야
是以小事吉이니라 天地睽而其事同也며

남 녀 규 이 기 지 통 야   만 물   규 이 기 사 류 야
男女睽而其志通也며 萬物이 睽而其事類也니

규 지 시 용   대 의 재
睽之時用이 大矣哉라

「단전」에 이르기를 규는 불이 움직여서 위로 올라가고 연못이 움직여서 내려가며, 두 여자가 한 곳에 살지만 그 뜻이 똑같이 행하지 아니한다. 기뻐해서 밝은 데에 걸리고 부드러운 것이 나아가 위로 행해서 중용을 얻어 강한 것에 부응하는 것이다. 이로써 '작은 일이 길한 것이다.' 천지가 어긋났어도 그 일은 같으며, 남녀가 어긋났어도 그 뜻은 통하며, 만물이 어긋났어도 그 일은 같으니 규의 때와 작용이 위대하도다.

「단전」은 먼저 '규'의 괴리현상을 말한 다음에 그 배후의 본질을 설명한다. 가벼운 불은 위로 올라가는 반면에, 무거운 물은 아래로 내려가 물과 불이 서로 등지면서 분열하는 이유를 자연현상에서 이끌어 온다. 이와 마찬가지로 중녀와 소녀가 어려서는 같은 지붕 아래에 살지만 커서는 각각 다른 곳으로 시집가므로 동거생활은 오래갈 수 없다고 했다. 딸들이 처음에는 부모 밑에서 뜻을 모으다가 나중에는 헤어져 그 뜻을 달리하는 것은 물과 불이 운동하는 이치와 다를 바 없다는 것이다.

태괘[兌: ☱]는 연못물이 춘풍에 못이겨 기쁘게[說] 춤추는 양상이고, 리괘[離: ☲]는 불빛이 환하게 밝은[明] 모습이다. 안으로 기쁜 마음이 넘치고, 밖으로는 늘 밝게 처신한다는 뜻이 규괘의 구조이다. 겉으로 보기에 규괘는 분열과 이별의 형상이지만, 속으로는 화합과 재결합의 이치가 곁들여져 있다. 괴리와 어긋남의 이면에는 벌써 조화와 화해의 씨앗이 싹트고 있는 것이 규괘의 가르침이다.

규괘의 주효主爻는 2효와 5효이다. 특히 5효는 음이면서도 중용을 지키고 있다. 그래서 '부드러운 것이 나아가 위로 행해서 중용을 얻어

강한 것에 응한다'라고 하여 2효와 상응함을 얘기했다. 5효는 유순하게 나아가[柔進] 매사에 중용을 실천하고[得中], 2효의 강함과 잘 화합하는 처세의 원칙을 제시한다. 하괘와 상괘가 화해하고 협력한다는 것은 곧 대립과 대결을 던져버리고 쌍방이 평화체제로 복원함을 뜻한다.

만물은 나뉨과 합함의 방식으로 운동한다. 세상은 분합分合의 움직임으로 둥글어간다. 양 운동이 극한에 이르면 반대로 음운동으로 바뀌기 시작한다. 따라서 음과 양이 분리되면 다시 양자는 합한다. 분리와 합작이 음양운동의 본성인 것이다.

세상만사는 각각 분리되어 있는 것 같으나 그 속에는 하나의 원리가 관통하고 있다. 하늘과 땅은 벌어져 이질적으로 존재하는 것 같지만, 만물을 빚어내려면 반드시 합해야 한다. 남자와 여자가 갈라져 존재하지만, 자식을 만들기 위해서는 남녀가 결합해야만 한다. 만물은 생김새와 쓰임새가 제각각이지만, 하늘과 땅의 결합 즉 음양의 생성작용에서 벗어나지 않는 것이다.

하늘과 땅이 대립하지 않으면 만물을 생성시킬 수 없으며, 남녀가 대립하지 않으면 인류를 생산할 수 없다. 대립이 있기 때문에 통일할 수 있고, 상극이 있기 때문에 상생할 수 있고, 분열이 있기 때문에 수렴통합할 수 있다. 통일 속에서 대립이 싹트고, 상생 속에서 상극이 싹트고, 통합 속에서 분열이 싹튼다. 만물은 대립통일, 분열통합, 상극상생의 운동을 순환하면서 지속한다. 한마디로 보편 속에서 개체가 태어나 다시 본원처로 귀환하는 것이 생명의 창조성이다.

천지는 각양각색의 생명체를 일구어 낸다. 천지는 우선 일월을 비롯한 사계절을 빚어내고 수많은 동식물을 만들어낸다. 인간도 동물 중의 한 종種에 불과하다. 그렇다면 천지가 생명체를 길러내는 목적은 무엇이고, 인간 삶의 목적은 무엇인가. 생명의 영속성이 천지가 존재하는 궁극목적이다. 그 목적을 달성하기 위해서 천지는 음양의 분합운동을 전개하는 것이다. 음양의 특성이 바로 대립과 통일이다. 대립과 통일은 시간의 흐름에서 포착할 수 있기 때문에 규괘는 천지의 시간적 쓰임새[時用]가 위대하다고 찬양한다.

『주역』 64괘의 「단전」은 '시간[時]', '시간의 의의[時義]', '시간의 쓰임새[時用]'가 장엄하다고 매듭지은 곳이 많다.『주역』의 핵심은 천지론인데, 그 천지를 움직이는 동력원이 바로 시간이다. '시간은 이것이다'라고『주역』은 말하지 않았다.『주역』의 시간을 이해하는 열쇠는 '시간의 쓰임새(작용)'에 있다.『주역』 곳곳에서 시간인식의 중대성을 평가한 것을 구분하면 다음과 같다.

① 시간[時] : 頤卦, 大過卦, 解卦, 革卦
② 시간의 의미[時義] : 豫卦, 隨卦, 遯卦, 姤卦, 旅卦
③ 시간의 쓰임새[時用] : 坎卦, 睽卦, 蹇卦

감괘坎卦와 규(규괘睽卦와 건괘蹇卦)는 공통적으로 험난한 상황, 지독한 괴리현상, 장애와 위험에 빠진 과정에서 시간의 쓰임새를 말했다. 과학에서처럼 시간의 본질을 비선형非線型 혹은 순환형循環型이라고 규정하지 않고,『주역』은 항상 인간의 행위와 연관된 시간 활용의 적절성을 강조했다. 그만큼『주역』의 시간은 일상생활에 뿌리내린 도덕적 행위를 권고하는 지침였던 것이다.

시간은 주기적인 음양의 리듬을 자연환경에 널리 퍼뜨린다. 따라서 인간은 천체의 움직임과 계절의 변화를 흉내내면서 문명의 창출에 유효한 제도를 마련했다. 인류는 자연의 규칙적인 장단에 박자를 맞추며 시간의 효용과 가치를 극대화했다. 동양문화가 자랑하는 도덕의 나라 건설 역시 시간의 쓰임새에 반응하는 체계였다. 시간의 쓰임새에 적응하면서 문명의 제도가 기획되고 전개되었던 것이다.[61]

한낮의 땡볕은 곡식이 잘 자라도록 하고, 고생은 사람을 한층 성숙하게 만들듯이 시간은 만물을 조화시키는 신비로운 손길이다. 그럼에도 사물의 겉모습이 다른 것만 보고, 그 본질이 같음을 모르는 것은 얕은 지식에 불과하다. 하늘은 높고 땅은 낮아 그 실체는 다르지만, 음양이 서로 화합하여 생성화육을 북돋는 점에서는 같다. 남녀가 생김새는 다르지만 서로를 필요로 하는 점에서는 같다. 만물이 서로 차이가 있지만 그 원리는 같기 때문에 시간의 쓰임새는 위대하다. 성인은 만물의 이치가 본래 동일함을 밝혀 사람들로 하여금 동일의식을 깨우치고 화합하는 동기를 부여하는 점에서 천지의 위상과 동등하다.

---

61 "서양에서 달력을 편성하는 중심적 역할을 한 것은 유대교와 기독교였다. 하지만 그 주된 문화적 뿌리는 경제결정론과 유물론으로부터 성장해왔다. 바빌로니아의 시간측정과 시간기록은 경제적 동기에서 시작되었으며, 시간은 돈이라는 생각은 지중해 중상주의로부터 성장한 것이었다. 고도로 산업화되고 기술이 발전된 오늘날의 세계에서도 인간의 시간을 엄격하게 통제하는 역할은 역시 돈벌이 사업에 의해 추진되고 있다." 앤서니 애브니/최광열, 『시간의 문화사』(서울: 북로드, 2007), 533쪽.

☞ 규괘는 천지를 움직이는 동력원이 바로 시간이라고 밝히고 있다.

4. 상전 : 군자는 친화력의 화신

＊ 象曰上火下澤이 暌니 君子以하여 同而異하나니라

상전에 이르기를 위는 불이고 아래는 연못이 규이니, 군자는 이를 본받아 같되 다르게 한다.

규괘의 「상전」은 물과 불이 빚어내는 자연현상에서 '같음[同]'과 '다름[異]'이라는 보편과 특수, 일자와 다자의 변증법을 제시한다. 만물은 본질에서는 같지만, 현실에서는 다르다는 '동이론同異論'은 송대 성리학의 핵심명제인 '이일분수理一分殊說'의 근거가 되었다.

인류는 사회생활을 영위하면서 같다는 것과 다르다는 것을 상관적 관계보다는 대립적 관계로 이해하는데 익숙해져 왔다. 동양의 사유는 전자를 지향하며, 서양의 논리학은 후자의 입장을 겨냥했다. 동양에서는 같음과 다름을 반대개념으로 설정하지 않았다. 그것은 '옳음[正]'과 '틀림[誤]'이라는 논리학의 사실판단과는 별개의 문제이다. 논리적인 옳음과 틀림의 판단 밑에는 심리적인 좋고 싫음의 감정이 짙게 깔려 있다. 논리적 옳음과 틀림, 심리적 좋음과 싫음에는 동일성 추구에 대한 강한 애착이 숨어 있다. 자기동일성은 자기중심주의를 낳기 때문에 자기중심의 논리는 타자중심의 논리와 반드시 대결하기 마련이다.

동양인들은 같음과 다름의 문제를 논리학이 중시하는 지식의 차원으로 다루지 않고 삶의 지혜로 승화시켰다. 주역에서 말하는 '동이론'에 부합하는 적절한 고사성어에 "공동의 이익은 취하고 다른 점은 서로가 인정한다"는 구동존이求同存異가 있다.

여기에는 같음과 다름이 서로 어깨동무하고 새롭게 발전하는 취지가 담겨 있다. 이는 "옳고 그름에 상관없이 다른 무리를 배격하는 당동벌이黨同伐異"의 방식과는 전혀 다르다. '구동존이'는 상대방을 공존의 대상으로 인정한다는 것이고, '당동벌이'는 나와 동지들의 생존을 위해서 상대방을 적대적으로 부정한다는 뜻이다.

『주역』은 부정의 사유마저 끌어안는 포용력을 보인다. 따라서 군자는 누구와도 대화를 통하여 하나될 수 있다. 그렇다고 자신의 견해를 굽힌다는 말은 아니다. "군자는 화합하지만 똑같아지지 않는다. 소인은 같음을 주장하지만 화합하지 않는다"[62]고 공자는 말했다.

군자는 자신을 던지면서까지 소인과 화합하지만 결코 소인의 의사에 무조건 동조하지 않는다. 소인은 이익을 위해서 대동을 부르짖지만 화합에는 참여하지 않는다. '화합과 조화[和]'가 서로의 차이를 존중하고 다양성을 인정하는 공생과 공존의 논리인 반면에, '동일성[同]'만을 추구하는 태도는 상대방이 나의 의견에 따라야 한다는 자기중심의 논리가 전제되어 있다. 전자는 군자의 자세이고, 후자는 소인들이 즐기는 처세술이다.

---

62 『논어』 「자로편」, "君子는 和而不同하고 小人은 同而不和니라"

지금의 세상은 상대방을 배려하는 숭고한 가치가 대접받지 못하고 있다. 오히려 상대방을 흡수합병하여 지배하는 것이 최고라는 경제 지상주의가 판치고 있다. 다양한 가치와 차별성을 존중하는 평화와 공존의 패러다임으로 전환하는 시대적 소명을 중용의 정신에서 찾아야 할 것이다.

『중용』에 따르면 "군자는 조화롭게 화합하되 휩쓸리지 않는다"[63]고 했다. 중용은 A와 C의 물리적인 중간인 B를 고집하지 않는다. 군자가 일시적인 조화를 위해 소인의 주장에 휩쓸려 협조하는 것은 금물이다. 군자는 소인의 심보와 그릇을 너그럽게 용납하여 화합을 모색하는 친화력의 화신이다.

> ☞ 획일화된 중용과 상대화된 차별성을 넘어서야 공존의 정신을 확보할 수 있다.

5. 초효 : 관용하는 마음은 아름답다

* 初九_{초구}는 悔亡_{회망}하니 喪馬_{상마}하고 勿逐_{물축}하여도
自復_{자복}이니 見惡人_{견악인}하면 无咎_{무구}리라
象曰_{상왈} 見惡人_{견악인}은 以辟咎也_{이피구야}라

---

63 『중용』 10장, "君子는 和而不流하나니"

초구는 뉘우침이 없어지니 말을 잃고 쫓아가지 아니해도 스스로 돌아오니, 악한 사람을 보면 허물이 없을 것이다. 상전에 이르기를 '악한 사람을 봄'은 허물을 피함이다.

초효가 4효와 상응하지 않음은 분열의 씨앗이 싹틈을 시사한다. 초효는 양이 양자리에 있기 때문에 뉘우칠 일이 없으나[正]정, 초효의 짝인 4효를 상징하는 말이 멀리 달아나고 있다. 방목장에서 뛰쳐나간 말은 잡으려고 쫓아가면 갈수록 오히려 멀리 달아나는 습성이 있다. 말은 보기 드물게 귀소본능을 가진 동물이다. 머지않아 살던 곳으로 되돌아온다는 뜻이다.

규괘는 불신의 시대이기 때문에 잠시 사태의 추이를 관망하라고 권고한다. 초효는 4효와 함께 같은 양으로서 잠시 떨어져 있으나, 서로의 도움이 필요하다. 그렇다고 초효가 4효에게 지나친 화해의 제스처를 보이면, 호의는커녕 그 진실성을 의심받기 쉽다. 차라리 상대방에게 자신을 뒤돌아볼 수 있는 짬을 주어 먼저 화해의 손길을 내밀도록 하는 것이 좋다.

가는 자는 쫓지 말고 오는 자는 막지 말라고 했다. 상대가 악인일수록 함부로 자극해서는 안 된다. 만약 싫다고 거절하면 불화는 더욱 심화되고 갈등은 증폭된다. 나쁜 사람이라고 냉정하게 내치지 말고, 관용의 마음으로 받아들이는 것이 상대방을 감화시킬 수 있는 좋은 기회다. 그래서 '악인을 만나더라도 허물이 없다'고 했던 것이다.

☞ 불신의 시대에는 잠시 사태의 추이를 관망하는 것도 좋은 방법이다.

6. 2효 : 목적이 정당해야 수단도 정당해진다

* 九二_는 遇主于巷_{하면} 无咎_{리라}

象曰 遇主于巷_이 未失道也_라

구이는 주인을 골목길에서 만나면 허물이 없을 것이다. 상전에 이르기를 '주인을 골목길에서 만남'은 도를 잃지 않음이다.

2효는 양이 음자리에 있으나[不正], 하괘의 중용을 굳게 지키고 있기[中] 때문에 강건과 유순함을 두루 겸비하고 있다. 더구나 음효이자 상괘의 중도인 5효와 더불어 최상의 음양짝을 이룬다. 2효와 5효가 환상의 파트너일지라도 지금은 뒤틀린 시대! 때로는 공개석상에서 만나는 것보다는 남의 이목을 피해 골목길[巷: 후미진 곳]에서 비공개적으로 해후하는 것도 이득이다.[64]

2효와 5효는 정응正應관계이다. 세월이 어수선하므로 반드시 대화를 통해 일을 성사시켜야 할 의무가 있다. 다만 장소에 구애받을 필요는 없다. 정치가들은 종종 밀실에서 야합하여 헌정질서를 무너뜨리거

---

64 쑨 잉케이·양 이밍/박삼수, 『주역(자연법칙에서 인생철학까지)』(서울: 현암사, 2007), 558-559쪽. "공자가 지은 역사서 『춘추春秋』에서는 일정한 격식을 갖춘 공식회견을 '회會'라 하고, 예의를 생략한 비공식회견을 '우遇'라고 했다."

나 국민을 혼란에 빠뜨리는 경우가 많았다. 지도층들이 후미진 곳에서 만나는 것은 금기사항임에도 불구하고 규괘는 이를 예외로 인정했다. 사사로운 이익을 위한 뒷거래가 아니라, 공명정대한 목적과 정도에 어긋나지 않기 때문이다.

> ☞ 공명정대한 목적은 사사로운 이익마저도 승화시키는 감화력이 있다.

7. 3효 : 세월은 만병통치약

* 六三은 見輿曳코 其牛掣며 其人이 天且劓니
육삼 견여예 기우제 기인 천차의

无初코 有終이리라
무초 유종

象曰見輿曳는 位不當也요
상왈 견여예 위부당야

无初有終은 遇剛也일새라
무초유종 우강야

육삼은 수레를 당기고 그 소를 막으며 그 사람이 머리를 깎이고 또한 코가 베임을 보게 되니 처음은 없고 마침은 있을 것이다. 상전에 이르기를 '수레 당김을 보는 것'은 그 위치가 마땅치 않음이요, '처음은 없고 마침이 있음'은 강을 만나기 때문이다.

3효는 음이 양자리에 있고[不正], 하괘의 중용을 벗어나 있으며[不中], 상효와는 음양이 상응하지만 공간적 위상이 마땅치 않기 때문에 화합할 수 없는 처지다. 특히 3효는 2효와 4효 사이에 끼여 있는 형상(☲)으로서 물건을 싣는 수레를 표상한다.

볼 '견見'은 피동형 동사로 읽어야 한다. 2효는 3효가 상효를 만나지 못하도록 수레를 뒤에서 잡아끌고, 앞에서는 4효가 수레를 끄는 소를 잡고서 움직이지 못하도록 한다. 이런 상황에서 3효는 억지로 전진하므로 수레는 부서지고 소가 다치는 지경에 이른다고 했다. 앞뒤에서 강력한 방해자가 나타나 진퇴양난이다.

3효는 음의 실체와 양의 신분이라는 두 얼굴을 갖고 있다. 음이 자신의 강한 양 에너지를 믿고 상효와 도킹하려고 무리하게 전지하려다 몸은 망가지고 죄를 저질러 처벌받는 꼴이다. 옛날에는 중죄인에게 머리를 깍고(죄인의 이마에 먹물로 글자를 새기는 형벌) 코를 베는 참혹한 형벌을 내렸다.

이런 처참한 상황에서 벗어나는 유일한 처방전은 시간이다. 세월은 만병통치약이다. 3효와 상효는 포지티브한 관계이고, 훼방꾼인 2효와 4효는 네가티브한 관계이므로 상황이 언제 역전될지 모른다. 그래서 3효가 상효를 처음에는 만날 수 없지만, 나중에는 만날 수 있는 것이다 [无初有終, 遇剛也].
무 초 유 종　우 강 야

☞ 순간의 분열이 화합의 대세를 막을 수 없다.

8. 4효 : 어려울수록 믿음이 최고의 보약

구사 규고 우원부 교부 려 무구
* 九四는 睽孤하여 遇元夫하여 交孚니 厲하나 无咎리라

상왈 교부무구 지행야
象曰 交孚无咎는 志行也리라

구사는 규가 외로워 원부를 만나 미덥게 사귐이니, 위태로우나 허물은 없을 것이다. 상전에 이르기를 '미덥게 사귀어 허물이 없음'은 뜻이 실행될 것이다.

4효는 양이 음자리에 있고[不正], 상괘의 중용에 미치지 못하고[不中], 초효와 상응하지도 않는다. 홀로 고독을 씹으면서 외로움과 싸우고 있는 모양이다. 특히 음인 3효와 5효에 둘러싸여(고립되어) 짝인 초효와의 거리가 더 멀게 느껴진다. 이웃인 3효는 상효와 음양짝이며, 5효 역시 2효와 음양짝을 이루는 반면에 4효는 초효와 음양짝을 이루지 못하는 외톨이 신세다.

그나마 4효가 정 줄 곳이라고는 오직 초효뿐이다. 4효는 스스로의 감정을 추스르면서 같은 양인 초효에게 신뢰를 보낼 수밖에 없다. 왜냐하면 초구가 비록 중용의 자리는 아니지만, 양이 양자리에 있는 착한 대장부[元夫]이기 때문이다. 어려운 때일수록 믿음보다 값진 보석은 없다. 조강지처의 미덕은 훼손된 적이 없듯이, 신뢰감 회복이 급선무이다. 믿음으로 사귀는 까닭에 허물이 생길 리 만무하다.

☞ 사면초가의 상황에서는 뜻을 같이하는 사람과 힘을 모아 이겨내야 할 것이다.

9. 5효 : 시공간에 알맞은 행위는 뒤탈이 없다

* 六五_{육오}는 悔亡_{회망}하니 厥宗_{궐종}이 噬膚_{서부}면 往_왕에 何咎_{하구}리오

象曰_{상왈} 厥宗噬膚_{궐종서부}는 往有慶也_{왕유경야}리라

육오는 뉘우침이 없어지니, 그 친족이 살을 씹으면 가는 데에 무슨 허물이리오. 상전에 이르기를 '그 친족이 살을 씹음'은 가서 경사가 있을 것이다.

5효는 음이 양자리에 있으나[不正], 상괘의 중도[中]인 동시에 하괘 2효와 찰떡궁합이다. 후회와 뉘우침이 생기는 이유는 무엇이고, 왜 없어지는 것일까? 첫째로 규괘는 분열과 상극의 시기로서 때와 상황(시간과 공간)이 무르익지 않아 온통 불리하기 때문이다. 둘째로, 음은 음자리에 있고 양은 양자리에 있는 것이 정상인데, 5효 자체가 비정상적으로 음이 양자리에 있기 때문이다.

「단전」은 5효의 3대 덕목을 '유순, 중도, 상응'이라 했다. 5효는 음의 성격으로 모든 일을 부드럽게 처신하고[柔進], 언제 어디서나 시간의 정신과 부합하는 행위를 하고[得中], 2효와 상호결합하여[應剛] 강유를 겸비했기 때문에 반목을 화합으로 반전시킬 수 있는 여건을 갖추

었다. 그러니까 뉘우침이 사라지는 것은 당연하며, 일마다 순조롭게 이루어진다는 것이다.

'종宗'은 친족, 일가, 친척을 뜻하며 '부膚'는 부드럽고 연한 고기를 뜻한다. '부드러운 고기를 씹는다'는 말은 그만큼 일이 쉽다는 것을 가리킨다. 딱딱한 고기는 씹기가 불편하지만 살코기는 입에서 살살 녹는다. 5효[陰]와 상대되는 위치의 2효[陽]는 집안 친족으로서 각각 상괘와 하괘의 중용의 도리로 교류한다.

5효에 대한 2효의 만남은 어수선한 분위기에서 뒷골목에서 성사되었으나, 5효가 아래로 내려가 2효와 교류하는 일은 부드러운 고기를 씹어 삼키는 것처럼 쉬워 뒤탈이 없다. 전자가 은밀한 밀약의 형태라면, 후자는 정정당당한 교역이므로 하자가 없을 뿐만 아니라 허물이 생기지 않는다.

☞ 정당한 사귐은 주위 사람을 편안하게 만든다.

10. 상효 : 닫힌 마음의 눈을 뜨고 열린 세상을 보라

★ 上九는 睽孤하여 見豕負塗와 載鬼一車라
先張之弧라가 後說之弧하여 匪寇라
婚媾니 往遇雨하면 則吉하리라

상 왈 우 우 지 길   군 의 망 야
象曰 遇雨之吉은 群疑亡也라

상구는 규가 외로워 돼지가 진흙을 짊어진 것과 귀신을 한 수레
실은 것을 보는 것이다. 먼저는 활을 당기다가 뒤에는 활을 벗겨
서, 도적이 아니라 혼인을 하자는 것이니, 가서 비를 만나면 곧 길
할 것이다. 상전에 이르기를 '비를 만나 길함'은 온갖 의심이 없어
지는 것이다.

부정
상효는 양이 음자리에 있고[不正], 상괘의 끝자락에 있기 때문에
부중
[不中] 외로움이 사무친 절대고독의 상태이다. 지나친 고독은 의심과
망상에 휩싸이게 하는 질병을 낳기도 한다. 상효의 눈에 비친 3효의
모습이 괴이하기 짝이 없다. 진흙투성이 돼지 혹은 수레에 가득 실린
귀신의 형상들이다. 하지만 서양의 실존철학자들은 고독의 막다른 골
목에서 절대자 혹은 내면의 영혼을 만날 수 있다고 외쳤다. 양인 상효
가 음인 3효와 결합하면 외로움과 고독이 눈녹듯이 허물어짐을 규괘
는 상징하고 있는 것이다.

상효는 3효의 형상이 너무도 험상궂고 볼썽사나워 혹시 나를 해치
러 오는 존재인지 의심하여 활시위를 당겼다. 더러운 돼지와 수레를
모는 악귀로 착각하여 죽이려고 한바탕 소통을 치른다. 하지만 가만
히 들여다보니 자신을 해꼬지하려는 도적이 아니라 미래의 약혼녀였
다. 급기야 활시위를 내려놓고 숨을 돌린다. 3효는 적이 아니라 동지였
고 평생을 함께할 신부였다. 3효가 '사귀자', '혼인하자'고 신호를 보내
니까 상효 역시 지금까지의 의심을 풀고 만난다는 뜻이다.

우리는 규괘 상효의 가르침에서 다음과 같은 교훈을 얻을 수 있다.

자신의 몰이해를 과감하게 인정하고 상대방에게 적극적으로 사과해야 한다. 쓸데없는 의혹을 털어내야 진정한 만남이 가능하기 때문이다. 규괘는 상효가 3효에게 다가서 만나는 극적인 해후를 '비[雨]'라고 표현했다. 하늘과 땅이 결합하여 만물을 소생시킬 때는 비를 뿌리고, 남녀가 결합할 때 역시 비로 흠뻑 적시듯이.

오해는 증오를 낳고, 지나친 의혹은 과대망상의 합병증을 낳는다. 지금까지 닫힌 눈으로 더러운 돼지와 도깨비로 인식했던 상대방은 나의 적이 아니라 천생연분[婚媾]이었다. 상극의 논리에 눈이 멀면 상생의 눈이 뜨이지 않는다. 눈을 크게 뜨고 사물을 바라봐야 한다. 열린 눈으로 보면 세상은 같다고 볼 수도 있고 다르다고 볼 수도 있다. 좁은 눈으로 보면 같음과 다름을 분별하여 자타의 차별성만을 부추긴다. 『주역』은 같으면서도 다르고, 다르면서도 같은 통합적 지혜를 깨우친다.

규괘의 모든 효는 분열 혹은 반목과 질시가 오래가지 않는다고 했다. 하괘에서 말한 분열도 상괘는 모두 화합으로 결론짓고 있다. 초효의 '잃어버린 말을 쫓지 않아도[喪馬勿逐]' 4효에 이르면 '착한 대장부[元夫]'를 만나 화합하고, 2효의 '골목길의 비공식적 만남[遇主于巷]' 역시 5효는 '부드러운 고기를 씹는 것처럼 친척을 만나 화합함[厥宗噬膚]'을 얘기하고, 3효의 '수레를 뒤에서 당기고[輿曳], 수레를 모는 소가 앞으로 나아가지 못하게 잡아매는[牛掣]' 형상도 상효의 '상서로운 단비를 맞아[遇雨則吉]' 화합하는 것을 끝맺고 있는 것이다.

☞ 쓸데없는 오해를 털어내야 진정한 만남이 가능하다.

11. 주역에서 정역으로

정역사상의 연구자 이상룡李象龍은 규괘의 성격을 다음과 같이 설명한다.

규 재 문 종 목 종 규
睽在文從目從癸라

개 심 노 이 이 목 규 도 자   예 개 측 반 기 목 야
盖心怒而以目癸度者는例皆側反其目也라

고 설 문 왈 반 목
故說文曰反目이라 하니라

위 괘 리 화 궁 남   태 택 위 북   호 상 충 격
爲卦離火宮南하고兌澤位北하니互相衝激하여

이 택 지 하 류 색 이 불 설   선 천 지 천 도
而澤之下流塞而不泄은先天之天度니

고 규 소 이 차 건 야
故睽所以次乾也라

"'규'는 문자로는 눈 목目과 헤아릴 규癸에서 온 것이다. 대개 마음에 분노가 일어나 눈으로 헤아리는 것은 예컨대 눈을 찡그리기 때문에 『설문』은 '사이가 좋지 않음[反目]'이라고 했다. 괘의 구성은 리화離火는 남쪽에 있고, 태택兌澤은 북쪽에 있기 때문에 서로 맞부닥쳐 연못물이 아래로 흐르지만 막혀서 물이 새지 않는 선천 하늘의 도수度數이므로 규괘는 건괘乾卦의 다음이다."

象曰 睽_는小事_는吉_{하리라는}
단 왈 규 소 사 길

政以陰曆_{으로}終一元而乃革也_라
정 이 음 력 종 일 원 이 내 혁 야

天地睽_와男女睽_와萬物睽_는
천 지 규 남 녀 규 만 물 규

睽戾而變_{하여}變而得正也_라
규 려 이 변 변 이 득 정 야

* 단전-"규는 작은 일은 길할 것이다"는 말은 음력陰曆 정사가 베풀어져 끝까지 동일하므로 바뀌는 것이다. "천지가 어그러지고, 남녀가 어그러지고, 만물이 어그러진다"는 것은 어그러져 눈물 흘린 다음에 변하며, 변화 뒤에 올바름을 얻는 것을 뜻한다.

象曰 君子以_{하여}同而異_{하나니라는}
상 왈 군 자 이 동 이 이

體同革卦_나而用各不同也_라
체 동 혁 괘 이 용 각 부 동 야

* 상전-"군자는 이를 본받아 같되 다르게 한다"는 것은 본질이 혁괘와 같으나, 그 작용은 각각 다름을 말한다.

初九_는喪馬勿逐_{하여도}自復_{이니}見惡人_{하면}无咎_{리라는}
초 구 상 마 물 축 자 복 견 악 인 무 구

水旺火休_은先天也_요而午會當來_{하면}小人自退也_라
수 왕 화 휴 선 천 야 이 오 회 당 래 소 인 자 퇴 야

* 초효-"말을 잃고 쫓아가지 아니해도 스스로 돌아오니, 악한 사람을 보면 허물이 없을 것이다."라는 말은 물 기운이 왕성하고 불 기운이 휴식하는 것은 선천이요, 불 기운이 왕성한 시기[午會]가 다가오면 소인이 스스로 물러나는 것을 가리킨다.

구 이　　우 주 우 항　　무 구
九二는 遇主于巷하면 无咎리라는

잉 규 이 혁　　영 준 제 우 야
仍睽而革하고 英俊際遇也라

* 2효-"주인을 골목길에서 만나면 허물이 없을 것이다"라는 말은
거듭해서 어긋나므로 바뀐다. 영웅과 준걸이 만나는 시기이다.

육 삼　견 여 예　기 우 제　기 인　천 차 의
六三은 見輿曳코 其牛掣며 其人이 天且劓는

동 궤 축 일　인 환 일 번 야
同軌丑日에 人換一番也라

무 초 유 종　혁 이 신 지 야
无初有終은 革而新之也라

* 3효-"수레를 당기고 그 소를 막으며 그 사람이 머리를 깍이고
또한 코가 베임을 보게 된다"는 것은 같은 차축에서 있는 축일丑
日에 인류는 한 번 교체되는 것을 본다는 뜻이다. "처음은 없고
마침은 있을 것"이라는 말은 바뀌어 새롭게 된다는 뜻이다.

구 사　규 고　　우 원 부　　교 부 려　　무 구
九四는 睽孤하여 遇元夫하여 交孚니 厲하나 无咎리라는

함 험 상 구　　위 이 선 안 야
陷險相救하여 危而旋安也라

* 4효-"규가 외로워 원부를 만나 미덥게 사귐이니, 위태로우나 허
물은 없을 것이다"라는 말은 위험에 빠졌으나 서로 구해줘 위험
에서 안전으로 바뀌는 것을 가리킨다.

육 오　궐 종　서 부　왕　하 구
六五는 厥宗이 噬膚면 往에 何咎리오는

규 려 과 조　　친 척 반 지　　기 왕 막 설 야
睽戻寡助하여親戚叛之하니旣往莫說也라

* 5효-"친족이 살을 씹으면 가는 데에 무슨 허물이 있겠는가"라
는 말은 어긋나서 눈물 흘리며 도움이 적어 친척이 배반하므로
처음부터 기쁨이 없다는 뜻이다.

상 구　규 고　　견 시 부 도　재 귀 일 거
上九는睽孤하여見豕負塗와載鬼一車라

선 장 지 호　　후 탈 지 호
先張之弧라가后說之弧는

예 괴 덕 쇠　　방 구 쟁 장 이 교 합 야
禮壞德衰하여方區爭長而交合也라

비 구　혼 구　왕 우 우　　즉 길
匪寇라婚媾니往遇雨하면則吉하리라는

반 규 위 화　　우 화 이 천 하 평 야
反睽爲和하고雨火而天下平也라

* 상효-"규가 외로워 돼지가 진흙을 짊어진 것과 귀신을 한 수레
실은 것을 보는 것이다. 먼저는 활을 당기다가 뒤에는 활을 벗긴
다." 이는 예가 무너지고 덕은 쇠미해져 곳곳에서 분쟁이 커져 교
류하여 결합하는 것을 가리킨다. "도적이 아니라 혼인을 하자는
것이니, 가서 비를 만나면 곧 길할 것이다." 어그러진 것이 화합으
로 돌아가고, 비와 불이 가득 찬 천하가 태평한 것을 뜻한다.

重雷震卦

동서양 신화에서 벼락은 하늘의 신성과 위엄을 상징한다。벼락은 관료와 백성을 긴장시키고 국정의 분위기를 쇄신하는 군주의 위엄을 드러내는 상징체다。

Chapter 7

중뢰진괘重雷震卦
안전으로 들어서는 길

1. 만물을 낳는 으뜸 : 진괘

정이천은 화풍정괘火風鼎卦(☲☴) 다음에 중뢰진괘(☳☳)가 오는 이유
를 다음과 같이 말한다.

* 震은 序卦에 主器者莫若長子라 故受之以震이라하니라
  진   서 괘   주 기 자 막 약 장 자   고 수 지 이 진

  鼎者는 器也니 震爲長男이라
  정 자   기 야   진 위 장 남

  故取主器之義而繼鼎之後라
  고 취 주 기 지 의 이 계 정 지 후

  長子는 傳國家繼位號者也라
  장 자   전 국 가 계 위 호 자 야

  故爲主器之主하니 序卦에 取其一義之大者하여
  고 위 주 기 지 주   서 괘   취 기 일 의 지 대 자

위 상 계 지 의
爲相繼之義하니라

진 지 위 괘   일 양   생 어 이 음 지 하
震之爲卦는 **一陽**이 **生於二陰之下**하니

동 이 상 자 야   고 위 진
動而上者也라 **故爲震**이라

진   동 야   불 왈 동 자   진 유 동 이 분 발 진 경 지 의
震은 **動也**어늘 **不曰動者**는 **震有動而奮發震驚之義**일새라

건 곤 지 교   일 색 이 성 진   생 물 지 장 야
乾坤之交가 **一索而成震**하니 **生物之長也**라

고 위 장 남   기 상 즉 위 진   기 의 즉 위 동
故爲長男이라 **其象則爲震**이요 **其義則爲動**이니

뇌 유 진 분 지 상   동 위 경 구 지 의
雷有震奮之象이요 **動爲驚懼之義**라

"진괘는 「서괘전」에 '기물을 주관하는 자는 맏아들 만한 이가 없다. 그러므로 진괘로 이어받았다'고 하였다. 정은 기물이니, 진은 맏아들(장남)이 되므로 기물을 주관하는 뜻을 취하여 정괘의 뒤를 이었다. 맏아들은 국가를 전하고 직위와 칭호를 계승하는 사람이다. 그러므로 기물을 주관하는 주인이 되었으니, 「서괘전」에는 한 뜻의 큰 것만을 취하여 서로 잇는 뜻으로 삼은 것이다. 괘의 형성은 하나의 양이 두 음의 아래에 생겼으니, 움직여 올라가는 것이다. 그러므로 진이라 하였다. 진은 움직임인데, 움직임이라 말하지 않은 것은 진에는 움직이고 분발하며 놀람이라는 뜻이 있기 때문이다. 건곤의 사귐이 한 번 찾아 진을 이루니, 사물을 낳는 으뜸이다. 그러므로 맏아들(장남)이 되었다. 그 형상은 우레이고 그 뜻은 움직임이니, 우레에는 움직이고 놀라는 모습이 있고, 움직임은 놀라서 두려워하는 뜻이 된다."

진괘의 구조는 위가 우레[震: ☳], 아래 역시 우레[震: ☳]이다.

'진震'은 움직이다, 떨쳐 일어나다는 뜻이다. 하늘과 땅이 교감하여 최초로 생겨난 양 에너지가 우레다. 갓난아기가 산모의 자궁에서 나오면서 '응아!'라고 소리지면서 세상에 신고하는 소리와 마찬가지로 우레는 만물탄생의 첫 신호탄이다. 복희괘는 안에서 밖을 지향하면서 만물의 탄생을 알리는 기호를 형상화했는데, 그것은 한 집안의 맏아들[長男^{장남}]에 해당한다.

우레는 창세신화에서 주연배우로 활약한다. "우레의 신은 세계 각국의 신화에서 독특한 지위를 차지한다. 우레는 공포와 위엄을 상징하기 때문에 최고신의 전유물처럼 되어 있다. 서양과 동양의 최고신인 제우스와 황제黃帝는 우레의 신을 겸하고 있다. 동양신화에서 우레의 신은 뇌신雷神, 뇌사雷師 혹은 뇌공雷公 등으로 불린다. 본래 남신이지만 번개만을 분리해서 여신의 전모電母를 숭배하기도 한다. 초나라 지역에서는 풍륭風隆이라도 불렀는데, 이것은 우레 소리를 본뜬 것이다. 바람, 비, 구름, 우레 등의 신은 모두 강우降雨와 관련된 신들이다."[65]

하늘에서 내리는 우레와 번개는 뇌성벽력雷聲霹靂이고, 땅에서 요동치는 우레는 지진地震이다. 하늘이 천둥과 번개를 내리치면서 세상을 깜짝 놀라게 하는 형상이 바로 '진震'이다. 힘찬 우레는 번개와 비를 동반한다. 우레의 진정한 동무는 번개불[火^화]이다. 그것은 주역 21번 째 화뢰서합괘火雷噬嗑圖(䷔)와 55번 째 뇌화풍괘雷火豐卦(䷶)

65 정재서, 『이야기 동양신화』(서울: 황금부엉이, 2004), 98쪽

가 증명한다.[66]

진괘는 정괘 다음에 온다. 그래서 「서괘전」은 "기물(그릇)을 주관하는 자는 맏아들 만한 이가 없다"고 했다. 여기서 말하는 기물은 솥[鼎]을 가리킨다. 솥은 단순히 음식을 익히는 그릇이 아니라 제사지낼 때 쓰는 신성한 그릇이다. 제기祭器를 준비하고 제사를 주관하는 일은 장남의 몫이기 때문이다.

2. 진괘 : 자연(우레)의 인간화와 인간(장남)의 자연화

★ 震은 亨하니 震來에 虩虩이면 笑言이 啞啞이러니
震驚百里애 不喪匕鬯하나니라

진은 형통하니 우레가 올 때는 깜짝 놀라고 놀래서 (우레가 그친 다음에는) 웃음소리 깔깔거리니, 우레가 백 리까지 깜짝 놀라게 함에 (제주가) 비창을 잃지 않는다.

우레는 형통한다. 하늘과 땅이 처음으로 교감하여 우레라는 맏아들을 낳았다. 천지는 우레를 통해 출생신고한 다음에 지속적으로 팽창과 발전을 거듭하기 때문에 형통한다는 것이다. 우레는 가장 높은 곳에서 앞이 훤히 트인 땅을 지향하므로 형통할 수밖에 없다.

---

66 ① 우레와 번개가 서합이니, 선왕이 이를 본받아 벌을 밝히고 법을 잘 정비하느니라[象曰 雷電, 噬嗑, 先王以, 明罰勅法.] ② 우레와 번개가 모두 이르는 것이 풍이니, 군자는 이를 본받아 감옥 일을 끊고 형벌을 이루느니라.[象曰 雷電皆至 豊, 君子以, 折獄致刑.]

우레는 아무런 경고 없이 갑자기 들이닥치기 때문에 무섭다. 세상에서 가장 무서운 것은 '우르릉 쾅!' 하는 천둥소리일 것이다. 우레가한 번 진동하면 어른들도 두려워 몸을 움츠린다. 평소 죄하고는 거리가 먼 사람도 그 소리를 꺼리는데, 심지어 죄지은 이는 오금을 못추릴정도로 두려움에 떨 것이 뻔하다. 천둥은 하늘의 뜻을 거역한 사람에게 내리는 심판으로 여겨졌다. 천둥은 일종의 하늘의 경찰관이다. 악행을 단속하고 단죄하는 것이 천둥의 역할이다. 전설에서는 벼락맞아죽는 것을 가장 치욕스런 일로 받아들이고 있다.[67]

우레소리는 한없이 널리 퍼진다. 사방 백리를 공포와 두려움의 도가니로 휘감는다. 멀리 떨어진 사람을 놀라게 하고, 가까운 사람들로하여금 겁먹게 한다. 천둥과 번개는 엄청난 폭풍우와 바람을 수반한다. 공포의 대상이다. 번개는 단 한번의 불칼로 거목을 쓰러뜨리고, 비바람은 한 해의 농작물을 순식간에 휩쓸고 지나가버린다. 수마가 할퀴고 간 뒤의 자연은 다시 침묵으로 돌아서면서 언제 그랬느냐는 듯이 생기를 북돋는다.

'혁虩'은 파리를 잡어먹는 거미가 두려워한다는 뜻인데, '혁혁虩虩'은 무섭고 두려워하면서 사방을 두리번거리는 모습을 본뜬 의태어다.하지만 천둥이 멎으면 깔깔대면서 웃는 때가 온다[笑言啞啞]. 진괘는 우레를 통해 두려움과 웃음을 병행시켜 고난과 행복의 이중적 의

---

67 마노 다카야/이만옥,『도교의 신들』(서울: 들녘, 2001), 218-219쪽. "뇌신雷神(= 雷公)은 악행을 저지른 인간의 생명을 빼앗는 집행관의 직분을 가지고 있으며, 그의 상사는 인간행동의 선악을 판단하는 천둥 관련 최고신인 뇌제雷帝다.도교에서 뇌제를 지칭하는 정식 명칭는 '구천응원뇌성보화천존九天應元雷聲普化天尊'이다."

미를 담고 있다. 우레는 자연의 경이로운 현상과 함께 신비로운 생명
의 지속성을 상징한다.

'비匕'는 제사드릴 때 국을 뜨는 큰 순가락을 뜻한다. 솥에서 삶은
제물을 꺼내 신에게 바치기 위해 상 위에 올려놓을 때 필요한 순가락
을 시匙라 부른다. '창鬯'은 울금향鬱金香을 넣어 빚은 귀한 술로써 신
을 부를 때[降神] 주로 쓴다. 울창주는 검은 기장으로 빚은 술에 울
금향의 풀을 섞어 만든다. 동양에서는 향기가 독특한 울창주를 땅에
부어 신이 강림하도록 하는 용도로 사용하는 전통이 있었다.[68]

대추나무로 만든 순가락과 울창주는 제사의식을 주관하는 주인공
[祭主＝장남]이 직접 사용하는 신성한 도구이기 때문에 우레소리에
놀라 땅에 떨어뜨려서는 안 된다[震驚百里, 不喪匕鬯]. 어떠한 두려
움에도 굴복하지 말고 맡은 바 책임을 다해야 한다는 뜻이다. 우레는
하늘에 대한 정성이 지극한 사람은 해치지 않는다는 믿음이 짙게 깔
려 있다. 제사를 주관하는 일은 장남만이 누리는 특권이지만, 정치적
권위와 종교적 경건성을 잊지 말라는 깨우침인 것이다.

> ☞ 우레에 대한 두려움과 웃음을 통해 인간의 도덕적 각성
>   을 촉구하고 있다.

---

68 『예기禮記』「교특생郊特牲」, "주나라 사람들은 냄새를 숭상한다. 그래서 울
창주를 땅에 부어 냄새나게 한다. 또한 울금향 풀을 두드려 짠 즙에 울창주를 화
합하여 그 냄새가 아래로 연천에 사무치게 한다. 강신하는 옥주전자의 자루로 규
장을 사용하는 것은 옥의 기운을 쓰기 위한 것이다.[周人相臭, 灌用鬯臭, 鬱合
鬯, 臭陰達於淵泉, 灌以圭璋, 用玉氣也.]"

3. 단전 : 자연의 소리가 곧 진리의 음성

* 象曰 震은 亨하니 震來虩虩은 恐致福也요
笑言啞啞은 後有則也라
震驚百里는 驚遠而懼邇也니
出可以守宗廟社稷하여 以爲祭主也리라

단전에 이르기를 진은 형통하니 '우레가 올 때는 깜짝 놀라고 놀람'은 두려워하여 복을 이룸이요, '웃음소리 깔깔거림'은 뒤에 법칙이 있음이다. '우레가 백 리까지 깜짝 놀라게 함'은 먼 곳을 놀라게 하고 가까운 곳은 두려워하게 함이니, 나가서는 충분히 종묘사직을 지켜서 제주가 될 것이다.

64괘 중에서 진괘 「단전」은 괘사의 내용을 그대로 인용한다. 우레는 공포의 소리에 그치는 것이 아니라 복을 이르게 하는 하늘의 피뢰침으로 작용하기도 한다. 공포는 현실적으로 존재하는 우레라는 실체로부터 나오는 무서움이다. 하지만 실존철학에 따르면, 불안은 뚜렷한 대상이 없는데도 불구하고 의식의 심층에서 우러나와 원초적인 두려움을 엄습하게 만든다. 천둥은 하늘의 징계인 동시에 죄에서 벗어나게 하는 하늘의 장치인 셈이다.

천둥은 항상 두려움의 대상만은 아니다. 오히려 행복을 담보해주는 원인으로 작동한다. 다만 조건이 있다. 자신의 허물을 낱낱이 뉘우쳐 새로운 삶을 살아야 하는 각오가 뒤따라야 한다는 점이다. 하늘이 천둥으로 징계의 표시를 내렸는데도 회개하지 않는다면 두려움은 복으로 바뀌지 않는다. 천둥과 번개칼의 무서운 공격을 받지 않으려면 마음가짐과 삶의 방식을 올바르게 가져야 한다. 도교에서는 우레의 신은 사람의 마음을 꿰뚫어보는 거울로 들여다보고 징계해야 할 사람에게 천둥과 번개로 내리친다고 가르쳤다.

자신의 삶을 반성하고 뉘우치면 우레의 공포는 복을 받는 지침으로 전환될 수 있다. 우레는 올바른 삶으로 이끄는 등대로 작용한다는 것이다. 마음먹기에 따라 천둥[天動]과 번뜩이는 번개 또는 하늘과 땅이 붕괴될 지경의 공포와 두려움마저 선풍기의 미풍처럼 가볍게 넘길 수 있다. 두려움을 웃음으로 변질시키는 열쇠는 우레에 있는 것이 아니라 인간의 결심[後有則也]에 달린 것이다.

"우레가 백 리까지 깜짝 놀라게 하여 먼 곳의 사람을 놀라게 하고 가까운 곳의 사람을 두려워하게 한다[震驚百里, 驚遠而懼邇也]"는 대목은 우레의 위력을 실감나게 하는 표현이다. 엄청난 비바람을 수반하는 천둥에 모든 사람이 두려움에 떨지라도 맏아들(장남)은 제사에 쓸 숟가락을 떨어뜨려서는 안 된다. 또한 천둥소리에 놀래서 울창주를 쏟지 않는 두둑한 배짱과 아울러 담대한 정신을 갖추어야 한다.

종묘사직은 나라를 세우고 이끌었던 조상들의 신주를 모신 사당이다. 장남은 강인한 정신력과 고매한 인격을 갖추어야 수많은 곤경과 위기 속에서도 종묘사직을 지킬 수 있다. 자그마한 사건에도 휘둘리거나, 큰일에 허둥지둥 정신을 잃는다면 종묘와 사직을 받들 수 없다.

종묘와 사직을 지키는 일은 나라와 왕실의 안녕과 직결되기 때문이다. 따라서 장남은 국가적으로나 종교적으로 위기를 기회로 바꿀 수 있는 자질을 키워야 할 것이다.

> ☞ 회개하라! 그러면 두려움이 행복으로 바뀔 것이다.

4. 상전 : 깊이 반성하고 성찰하여 심신을 닦아라

* 象曰 洊雷震이니 君子以하여 恐懼修省하나니라
  <small>상 왈 천 뢰 진　　군 자 이　　공 구 수 신</small>

상전에 이르기를 거듭하는 우레가 진이다. 군자는 이를 본받아 놀라고 두려워하여 자신을 닦고 반성한다.

괘의 위아래 모두가 진震(☳)이라는 뜻이다. '천洊'은 거듭 '중重'과 의미가 같은 글자다. 계속 밀려오는 거친 파도처럼 우레가 거듭해서 내리친다는 것은 하늘의 노여움이 이루 헤아릴 수 없음을 가리킨다. 하늘이 우레를 거듭해서 내려보내는 까닭은 인간으로 하여금 허물을 깨닫는 기회를 주기 위해서다. 그런데도 거짓된 행동과 과오를 고치지 않는다면 어떤 재앙이 닥칠지는 아무도 모른다.

허물은 또다른 허물을 낳아 하나의 습관으로 고착되기 쉽다. 공자는 자연의 경고음에 민감하게 반응했다. 공자의 언행을 기록한 『논어』는 "빠른 천둥이나 사나운 바람에도 반드시 얼굴빛이 변했다"[69]고 했다. 공자가 얼굴빛이 변한 이유에 대해 주자는 하늘의 노함을 공

---

69 『논어』「향당편鄕黨篇」, "迅雷風烈, 必變."

경했기 때문이라고 주석을 달았다. 만일 모진 바람과 빠른 우레와 극심한 비가 있으면 반드시 변하여 비록 밤일지라도 일어나서 의관을 똑바로 하고 앉았다고 전한다.[70] 공자는 지축을 울리는 천둥이나 사나운 비바람을 만나면 스스로를 가다듬는 모범을 보였던 것이다.

군자는 우레가 세상을 진동하는 현상을 본받아 자신을 반성하여 새로운 인간으로 거듭 태어나는 자세를 확립한다. 평소 과오를 저질렀는가를 항상 두려워하고, 깊이 반성하고 성찰하여 심신을 닦는다. 「상전」의 문법을 분석하면, 자연에 대한 사실판단[천뢰진 洊雷震]이 가치판단[군자 이 君子 '以']으로 전환하고, 이를 다시 당위법칙[공구수신 恐懼修省]으로 전환하는 형식을 취하고 있다. 「상전」은 이 세 문제를 동일한 사건으로 읽어내는 특징을 보여준다.

> ☞ 자연의 경고음(우레)은 새로운 인간으로 다시 태어나라
> 는 하늘의 메시지다.

5. 초효 : 자연은 인간 주체화의 모델

＊ 初九는 震來虩虩이라야 後애 笑言啞啞이리니 吉하니라
（초구）（진래혁혁）（후）（소언액액）（길）

象曰 震來虩虩은 恐致福也요
（상왈）（진래혁혁）（공치복야）

---

70 『논어집주論語集註』, "必變者, 所以敬天之怒. 記曰若有疾風迅雷甚雨, 則必變, 雖夜必興, 衣服冠而坐."

소 언 액 액　후 유 칙 야
笑言啞啞은 **後有則也**라

초구는 우레가 올 때는 깜짝 놀라고 놀라야 뒤에 웃음소리가 깔깔거리니 길하다. 상전에 이르기를 '우레가 올 때는 깜짝 놀라고 놀람'은 두려워하여 복을 이룸이요, '웃음소리 깔깔거림'은 뒤에 법칙이 있음이다.

괘사의 내용은 초효의 내용을 그대로 따르고 있다. 다만 '길'이라는 글자 하나가 덧붙여졌을 뿐이다. 초효는 진괘 전체의 주효主爻로서 천둥을 몰고 오는 주인공이다. 초효는 양이 양자리[正]에 있고, 우레가 일어나는 진원지에 해당한다.

우레가 쳤는데도 두려워하지 않는 사람은 귀머거리일 것이다. 위기를 만나면 그 사람의 능력이 드러난다. 허둥지둥 정신 못차리는 부류가 있고, 침착하게 대처하는 부류가 있다. 초효는 미리부터 방심하지 않고 조심하는 태도를 높이 산다. 그래서 효사를 지은 주공은 괘사를 지은 아버지 문왕의 말을 인용하면서 '길'이라는 글자를 덧붙였을 따름이다.

『주역』은 자연의 경고인 우레를 인간에 대한 도덕성 검증이라고 간주했다. 자연에 대한 인간화의 전범이다. 자연현상을 도덕적으로 두려워하는 마음으로 받아들이면 상황은 역전된다. 공포에서 마음의 안정과 행복으로 전환된다는 것이다. 이러한 태도가 개인의 삶의 규범과 좌우명으로 자리잡게 되면 가슴에는 항상 웃음꽃이 필 것이다.

> ☞ 우레는 도덕성을 검증하는 하늘의 경찰관이다.

6. 2효 : 중용이라야 잃은 것을 되찾을 수 있다

* 六二_는 震來厲_라 億喪貝_{하여} 躋于九陵_{이니}
육 이　　진 래 려　　억 상 패　　　제 우 구 릉

勿逐_{하면} 七日_에 得_{하리라}
물 축　　　칠 일　　득

象曰 震來厲_는 乘剛也_{일새라}
상 왈 진 래 려　　승 강 야

육이는 우레가 닥침에 위태함이다. 재물 잃을 것을 헤아려 언덕에
오름이니, 쫓지 않으면 7일만에 얻을 것이다. 상전에 이르기를 '우
레가 닥침에 위태함'은 강을 탔기 때문이다.

　2효는 음이 음자리에 있고[正], 하괘의 중도를 얻고 있다[中]. 초
효는 강력한 에너지인 우레와 진동이 힘차게 위로 올라오는 형세다.
그러니까 우레가 닥쳐오면 위태롭다. 감각능력이 뛰어난 개미와 쥐는
지진이 오는 것을 미리 알아채 며칠 전부터 도망간다고 알려져 있다.
지진은 모든 것을 한꺼번에 삼켜버리는 위태로운 징조이다.

　'억億'이라는 글자에 대해서는 이설이 분분하다. 우번虞翻은 '안타
깝다'는 의미로 이해했고, 간보干寶는 감탄사 '아아!'로 새겼고, 정현鄭
玄은 숫자인 '억'으로 풀이했다. 정이천은 헤아릴 '탁度'으로, 주자는
그 의미를 '잘 모르겠다'고 했다.[71] 우레가 닥치는 것은 분명히 외부로
부터 기인한다. 하지만 위험을 감지하고 느껴 대비하는 일은 마음에

---

71 ① 손성연孫星衍, 『주역집해소周易集解疏』, "虞翻曰 億, 惜辭也.", "干寶曰
億, 歎辭也." "鄭康成曰 十萬曰億." ②『역정전』, "億, 度也." ③『주역본의』, "億
字, 未詳."

서 비롯된다. 2효는 중도를 지키는 까닭에 어려운 상황을 대처할 수 있다고 일깨운다.

지혜로운 이는 미리 재물 잃을 것을 헤아려 높은 산언덕으로 피난한다. 목숨과 재물은 양립할 수 없다. 사람 나고 돈 났지 돈 나고 사람 나는 일은 없다. 재물은 벌면 다시 모을 수 있으나, 목숨을 걸고 재앙과 승부를 거는 행위는 어리석다. 재물을 얻는다고 모여지는 것은 아니다. 중정의 덕을 갖춘 2효 군자는 돈에 눈멀지 않기 때문에 재물을 잃어도 마음이 동요되지 않는다. 재물은 이레만에 돌아온다고 했다. 이레(7일)에 대해서도 여러 견해들이 있다. 진震(☳)은 일곱 수이기 때문에 7일, 또는 일곱 달(7달), 일곱 해(7년)이라는 풀이가 파생되기도 한다. 하지만 초효에서 상효를 거쳐 다시 초효로 돌아오는 기간은 7일이라는 견해가 가장 설득력이 있다.

초효와 2효의 관계를 '음이 양을 올라탔다[乘剛^{승 강}]'고 했다. 『주역』은 이렇게 양[剛^강] 위에 음[柔^유]이 있는 현상을 꺼린다. '억음존양抑陰尊陽'의 논리가 적용되었기 때문이다. 지푸라기 하나 잡을 힘도 없는 사람이 호랑이 등에 업힌 꼴이라 위험하기 짝이 없다. 공포를 몰고오는 우레를 정면으로 막기는 불가능하다. 멀리 피하는 것이 상책이다.

☞ 목숨과 재물은 양립할 수 없다. 목숨 걸고 길흉과 승부 거는 행위는 어리석다.

7. 3효 : 두려워하는 마음으로 재앙을 피하라

* 六三_은 震蘇蘇_니 震行_{하면} 无眚_{하리라}
  <small>육 삼 　 진 소 소 　 진 행 　 　 무 생</small>

象曰 震蘇蘇_는 位不當也_{일새라}
<small>상 왈 　 진 소 소 　 위 부 당 야</small>

육삼은 우레가 두렵고 불안하니 움직여서 가면 재앙이 없을 것이
다. 상전에 이르기를 '우레가 두렵고 불안함'은 위치가 마땅치 않
기 때문이다.

　3효는 음이 양자리에 있고[不正], 하괘의 중용을 지나쳤으며
[不中], 상효와도 상응하지 못해　꽤 불안한 상황이다. '소소蘇蘇'는
겁에 질린 나머지 정신을 잃어 까무러칠 지경에서 간신히 깨어난다는
뜻이다. 가슴이 두근거리며 불안한 이유는 자신의 위치가 옳지 못하
기 때문이다.

　2효는 음이 양을 탔기 때문에 위태로운 반면에, 3효는 직접 음이 양
을 올라타지는 않았다. 중간에 2효가 완충역할을 하고 있으므로 크
나큰 재앙은 생기지 않는다. 까무러쳤다가 깨어나면 재빨리 그 자리
에서 벗어나라는 지침이다. 계속 그곳에서 머물면 재앙을 피할 방법
이 없다.

> ☞ 행복과 불행은 어떻게 중용을 지키느냐에 달려 있다.

8. 4효 : 시간의 적절성에 맞추어 진퇴를 결정하라

★ 九四는 震이 遂泥라 象曰 震遂泥는 未光也로다
<small>구 사 진 수 니 상 왈 진 수 니 미 광 야</small>

구사는 우레가 드디어 진흙 구덩이에 빠짐이다. 상전에 이르기를
'우레가 드디어 진흙 구덩이에 빠짐'은 빛나지 못함이다.

4효는 진괘의 조연으로서 양이 음자리에 있고[不正], 상괘의 밑
바닥에 있다[不中]. 주연과 조연, 즉 초효는 '길하다'고 한 반면
에 4효는 왜 진흙창에 빠졌다고 했는가? 위로 두 개의 음, 아래로
도 두 개의 음에 둘러싸인 형국이다. 4효는 양의 신분인데도 불구
하고 네 개의 음에 둘러싸여 제대로 힘쓰지 못하기 때문에 효사는
진흙덩이에 빠진 모습이라고 했다. 더구나 짝인 초효 역시 두 개의
음에 의해 가로막혀 도와주지 못하므로 단독으로 밀고나갈 여력
조차 없다.

우레는 물리적으로 계산 불가능할 정도로 엄청난 에너지를 발
산한다. 번갯불이 먼저 번쩍인 뒤에 고막을 찢을 듯한 천둥이 울린
다. 하지만 4효는 초효로부터 멀리 떨어져 있을 뿐만 아니라 진흙
구덩이에 빠진 형국이므로 빛나지 못한다. 우레의 위력이 훨씬 반
감하여 제구실을 못함을 상징한다.

> ☞ 꽉 막힌 상황에서는 잠시 멈추는 것도 삶의 지혜다.

9. 5효 : 중용이 보약이다

_{구 오} _진 _{왕 래 려} _억 _{무 상 유 사}
★ 六五는 震이 往來厲하니 億하여 无喪有事니라

_{상 왈} _{진 왕 래 려} _{위 행 야} _{기 사 재 중} _{대 무 상 야}
象曰 震往來厲는 危行也요 其事在中하니 大无喪也니라

육오는 우레가 가고 옴에 위태로우니, 일이 있는 자는 헤아려서 잃음이 없다. 상전에 이르기를 '우레가 가고 옴에 위태로움'은 위험하게 행함이요, 그 일이 중도에 있으니 크게 상함이 없는 것이다.

우레가 가고 온다[往來]에서 '가는' 우레는 초효를 가리키고, '오는' 우레는 힘이 약화된 4효를 가리킨다. '일이 있는 사람[有事]'에서 있을 유有를 어조사로 해석하는 이가 있으며, 어떤 이는 '숟가락이나 울창주를 떨어뜨리지 않는다[无喪]'는 말과 연계된 종묘사직에 제사 드리는 일이라 보는 사람도 있다. 후자의 견해가 합당하다.

5효는 음이 양자리에 있으나[不正], 상괘의 중용[中]이다. 중용의 덕을 갖췄기 때문에 비록 올바른 위치에 있지 않더라도 정도에 어긋나지는 않는다. 정도는 중도(중용)의 범주에 함축되는 덕목이다. 이는 『주역』이 강조하는 '시간의 원리에 적중하는 태도[時中]'가 아닐 수 없다.

정이천은 정도와 중도의 관계를 아주 상세하게 논의하고 있다. "육오는 비록 음으로서 양의 자리에 거처하여 자리가 마땅치 않아 부정이 되지만, 유로써 강의 자리에 거처하고 또한 득중하므로 중덕을 얻고 있다. 중을 잃지 않으면 정에서 어긋나지 않으니, 중(용)이 귀한 까닭이다. 여러 괘에서 2효와 5효는 비록 자리가 마땅치 않더라도 중용을 아름답다고 여긴 경우가 많고, 3효와 4효는 자리가 마땅할지라도 혹 중용에 지나친 경우가 있으니, 중용(중도)이 항상 정도보다 중요하기 때문이다. 대개 중용이면 정도에서 어긋나지 않고, 정도가 반드시 중용이라고는 할 수 없다. 천하의 이치가 중용보다 더 좋은 것이 없으니, 육이와 육오에서 볼 수 있다."[72]

☞ 중용은 보약이 틀림없으나 함부로 먹는 만병통치약으로 남용해서는 곤란하다.

10. 상효 : 재난 막는 방법은 유비무환이 최고다

★ 上六은 震이 索索하여 視矍矍이니 征이면 凶하니

震不于其躬이요 于其隣이면 无咎리니 婚媾는 有言이리라

象曰 震索索은 中未得也일새오

雖凶无咎는 畏隣戒也라

상육은 우레가 진동할 때 너무 무서워 발을 떼지 못하여 두 눈을 두리번거리니, 가면 흉하니, 우레의 진동이 그 몸에 미치지 않고 그 이웃에 이르면 허물이 없으리니, 혼인하는데 말이 있을 것이

---

72 『역정전』, "六五雖以陰居陽, 不當位爲不正, 然以柔居剛, 又得中, 乃有中德者, 不失中, 則不違於正矣, 所以中爲貴也. 諸卦二五, 雖不當位, 多以中爲美, 三四雖當位, 或以不中爲過, 中常重於正也, 蓋中則不違於正, 正不必中也. 天下之理, 莫善於中, 於六二六五, 可見."

다. 상전에 이르기를 '(우레의) 진동에 너무 무서워 발을 떼지 못함'은 중도를 얻지 못했기 때문이요, 비록 '흉하지만 허물이 없다'함은 이웃을 경계함을 두려워하기 때문이다.

'삭삭索索'은 천지를 뒤흔드는 우레의 진동 때문에 넋이 나가 걸음을 떼지 못하는 모양을 본뜬 의태어다. 다만 맥이 풀려 사방을 두리번거리기만 할뿐 불안하기 짝이 없다. 혼이 빠져 무작정 앞으로 나가면 낭패만 볼뿐 이득될 것이 전혀 없다[征, 凶]. 앞으로 나아가려도 우레, 물러서려도 우레소리가 두렵다. 움직이면 움직일수록 점점 사태는 꼬인다.

상효는 그나마 음이 음자리에 있기 때문에 정도를 지키고 있다. 우레의 위력이 소멸 직전의 상태에서 상효까지 직접 다가오지 못하고 [震不于其躬], 이웃인 5효에 많은 피해를 입히는 형국이다. 상효는 진괘의 극한이다. 우레의 고향인 초효로부터 거리가 멀다. 비록 우레의 위력을 직접 실감할 수 없을지라도, 그 여파가 이웃인 5효에 미쳤다고 여기고 자중하면 허물은 생기지 않는다. 이럴 때 유비무환의 정신으로 대비해야만 피해가 없다.

혼구婚媾는 결혼을 신청하는 상효의 짝인 3효를 가리킨다. 3효와 상효는 같은 음이기 때문에 합당한 관계는 아니다.[73] 그러니까 구설수에 오른다[有言]. 원망투의 말이 많다는 뜻이다. 이런 연유에서 움직

---

73 혹자는 이를 앞의 문장과는 별개의 내용이라 주장한다. "恐懼修省할 때는 오직 上天을 신앙해야지 인간과 교합해서는 안 되기 때문에 '婚媾有言'이라고 하였다."(김진규 구성/김병호 강의, 『亞山의 周易講義(中)』서울: 소강, 2000), 294쪽 참조.

이면 흉하다[征, 凶]라고 했던 것이다.

☞ 불안과 공포는 내면의 공경심으로 떨쳐내는 것이 좋다.

11. 주역에서 정역으로

정역사상의 연구자 이상룡李象龍은 진괘의 성격을 다음과 같이 설명한다.

震은 在文爲雨辰이요 辰은 東方也라

震動東北이니 陰陽和而爲雨之義也라

爲卦上下皆雷有奮發이요 震動而上下驚懼之象也며

又主器莫若長子일새 而宮四則不能主器이니

宗六然后에 乃主器라 易所謂復則无妄是也라

宗長主器는 止一不變者요 无極宮之體象이니

震所以次艮也라

'진'은 문자적으로 비 우雨와 날(별) 신(진辰)의 합성어로서 진은 동방을 가리킨다. 우레가 동북방에서 움직여 음양이 조화를 이루어 비가 된다는 뜻이다. 괘의 구성은 상하 모두가 우레로서 떨쳐 일어나는 양상이다. 우레가 움직여 상하가 놀래고 두려워하는 모습이다. 또한 제사 그릇을 주관하는 사람은 맏아들만한 이가 없으며, 4방을 두르면 제사 그릇을 주관할 수 없고 육남매의 맏이가 된 이후에야 제사 그릇을 주관할 수 있는 것이다. 역易의 이른바 되돌아 온 것[復]이 곧 무망无妄이다. 장남이 제사 그릇을 주관하는 것이 불변이라는 것은 무극궁无極宮의 본체를 형상화한 것이므로 진괘가 간괘 다음이 된 까닭이다.

象曰 震은 亨함은 帝出乎震이요 亨은 莫大焉이라

震來에 虩虩이면 笑言이 啞啞은

天威方怒를 自以爲安也요

震驚百里애 不喪匕鬯하나니라는

倒地飜天하여 得主宗器也라

＊「단전」 - '진은 형통한다'는 것은 상제의 손길이 진의 방위에서 나와 형통함이 막대하다는 뜻이다. "우레가 올 때는 깜짝 놀라고 놀라서 (우레가 그친 다음에는) 웃음소리 깔깔거린다"는 말은 하늘이 위엄으로 바야흐로 진노하는 것을 스스로 편안하게 삼는다는 뜻이다. "우레가 백 리까지 깜짝 놀라게 함에 (제주가) 비창을 잃지 않는다"는 말은 땅이 뒤집어지고 하늘이 엎어져도 제주가 제사 그릇을 얻는 것을 가리킨다.

象曰 君子以하여 恐懼修省하나니라는 敬天作人也라

＊「상전」 - "군자는 이를 본받아 놀라고 두려워하여 자신을 닦고 반성한다"는 말은 하늘을 공경하여 사람다운 사람이 되는 것을

뜻한다.

<ruby>初九<rt>초 구</rt></ruby>는 <ruby>震來<rt>진 래</rt></ruby><ruby>虩虩<rt>혁 혁</rt></ruby>이라야 <ruby>後<rt>후</rt></ruby>애 <ruby>笑言<rt>소 언</rt></ruby><ruby>啞啞<rt>액 액</rt></ruby>이리니 <ruby>吉<rt>길</rt></ruby>하니라는

<ruby>危然<rt>위 연</rt></ruby><ruby>后<rt>후</rt></ruby>에 <ruby>安也<rt>안 야</rt></ruby>라

＊초효 – "우레가 올 때는 깜짝 놀라고 놀라야 뒤에 웃음소리가 깔깔거리니 길하다"는 말은 위험한 뒤에 편안해진다는 뜻이다.

<ruby>六二<rt>육 이</rt></ruby>는 <ruby>震來<rt>진 래</rt></ruby><ruby>厲<rt>려</rt></ruby>라 <ruby>億喪貝<rt>억 상 패</rt></ruby>는

<ruby>動以大闢<rt>동 이 대 벽</rt></ruby>으로 <ruby>億國革命也<rt>억 국 혁 명 야</rt></ruby>요

<ruby>躋于九陵<rt>제 우 구 릉</rt></ruby>이니 <ruby>勿逐<rt>물 축</rt></ruby>하면 <ruby>七日<rt>칠 일</rt></ruby>에 <ruby>得<rt>득</rt></ruby>하리라는

□✕ <ruby>盪動<rt>탕 동</rt></ruby>하여 <ruby>己日<rt>기 일</rt></ruby>에야 <ruby>乃正也<rt>내 정 야</rt></ruby>니라

＊ 2효 – "우레가 닥침에 위태함이다. 재물 잃을 것을 헤아림"은 움직여서 크게 열려서[大闢] 모든 나라가 혁명하는 것을 가리킨다. "언덕에 오름이니, 쫓지 않으면 7일만에 얻을 것이다"라는 말은 노양과 노음(□✕)이 끓을 듯이 움직여 기로로 시작하는 날[日]부터 올바르게 된다는 뜻이다.

<ruby>六三<rt>육 삼</rt></ruby>은 <ruby>震蘇蘇<rt>진 소 소</rt></ruby>니 <ruby>震行<rt>진 행</rt></ruby>하면 <ruby>无眚<rt>무 생</rt></ruby>하리라는

<ruby>散而復蘇<rt>산 이 부 소</rt></ruby>하고 <ruby>恩威幷摯也<rt>은 위 병 지 야</rt></ruby>라

＊3효 – "우레가 두렵고 불안하니 움직여서 가면 재앙이 없을 것이다"라는 말은 흩어지고 다시 두려워함은 은혜와 두려움이 함께

이른다는 뜻이다.

^구^사 ^진 ^{수니} ^{해변성니야}
九四는 震이 遂泥라는 海變成泥也라

＊4효 – "우레가 드디어 진흙 구덩이에 빠짐이다"라는 것은 바다
가 진흙덩이로 변하는 것을 말한다.

^육^오 ^진 ^{왕래려} ^억^{하여} ^{무상유사}
六五는 震이 往來厲하니 億하여 无喪有事니라는

^{왕정래복} ^{척려심의}
往征來服하여 惕厲甚矣요

^{이백억군장} ^{제세안민야}
而百億君長이 濟世安民也라

＊5효 – "우레가 가고 옴에 위태로우니, 일이 있는 자는 헤아려서
잃음이 없다"는 것은 가서는 정복하고 와서는 복종하여 두려워
하고 위태롭게 여기는 것이 심함을 뜻한다. 수많은 인군과 어른이
세상을 구제하고 백성을 편안하게 하는 것을 뜻한다.

^상^육 ^진 ^{삭삭} ^{시확확} ^정 ^흉
上六은 震이 索索하여 視矍矍이니 征이면 凶함은

^{천하소삭이불안} ^{의기경장야}
天下消索而不安이니 宜其更張也요

^{진불우기궁} ^{우기린} ^{무구} ^{혼구} ^{유언}
震不于其躬이요 于其隣이면 无咎러니 婚媾는 有言이라라는

^{동불유아} ^{하혐다구호}
動不由我하니 何嫌多口乎러오

＊상효 – "우레가 진동할 때 너무 무서워 발을 떼지 못하여 두 눈
을 두리번거리니, 가면 흉하다"는 것은 천하가 쇠약해져 불안하
므로 바뀌어야 마땅하다. "우레의 진동이 그 몸에 미치지 않고 그

이웃에 이르면 허물이 없으리니, 혼인하는데 말이 있을 것이다"는 것은 움직임이 나에게서 말미암지 않으면 여자에게 어찌 말이 많겠는가?

重山艮卦

우리 조상들은 간괘의 가르침에 따라 자신들의 호에 간혹은 산을 붙이는 멋진 전통을 만들었다. 주역에서 간괘 만큼 무한한 상상력과 영감을 불러일으키는 괘는 없다. 오늘날의 화두는 속도와의 전쟁이다. 빠르면 빠를수록 얻는 것이 많지만 잃는 것도 많다. 간괘는 잠시 쉬어가는 것이 좋다는 여유로운 마음을 제시한다.

Chapter 8

중산간괘重山艮卦
그침과 움직임의 미학

1. 움직임에서 멈춤으로 : 간괘

정이천은 중뇌진괘(☳☳) 다음에 중산간괘(☶☶)가 오는 이유를 다음
과 같이 말한다.

간 서괘 진자 동야 물불가이종동 지지
★ 艮은 序卦에 震者는 動也니 物不可以終動하여 止之라

고 수 지 이 간 간 지 야
故受之以艮하니 艮은 止也라 하니라

동 정 상 인 동 즉 유 정 정 즉 유 동
動靜相因하여 動則有靜하고 靜則有動하여

물 무 상 동 지 리 간 소 이 차 진 야
物无常動之理하니 艮所以次震也라

간 자 지 야 불 왈 지 자 간 산 지 상
艮者는 止也어늘 不曰止者는 艮은 山之象이니

유안중견실지의　　비지의가진야
有安重堅實之義하여 非止義可盡也일새라

건곤지교　삼색이성간　　일양　거이음지상
乾坤之交가 三索而成艮하여 一陽이 居二陰之上하니

양　동이상진지물　　기지어상　　즉지의
陽은 動而上進之物이니 旣至於上이면 則止矣요

음자　정야　상지이하정　　고위간야
陰者는 靜也니 上止而下靜이라 故爲艮也라

연즉여축지지의하이　왈축지자　제축지의
然則與畜止之義何異오 曰畜止者는 制畜之義니

력지지야　간지자　안지지의　지기소야
力止之也요 艮止者는 安止之義니 止其所也라

"간괘는 「서괘전」에 '진은 움직임이니, 사물은 끝내 움직일 수 없어 멈춘(그친)다. 그러므로 간괘로 이어받았으니 간은 멈춤이다'라 하였다. 동정은 서로 원인이 되어 움직이면 고요함이 있고, 고요하면 움직임이 있어 사물은 항상 움직이는 이치가 없으니, 간괘가 이런 까닭에 진괘의 다음이 된 것이다. 간은 그침인데, '그침[止]'이라 말하지 않은 것은 간은 산의 형상이니 안정되고 무겁고 견실한 뜻이 있어 '그침'의 의미로 다할 수 없기 때문이다. 건곤의 사귐이 세 번을 거쳐 간을 이루어 하나의 양이 두 음 위에 있으니, 양은 움직여 위로 나아가는 사물이니, 이미 위에 이르면 그친다. 음은 고요함이니, 위는 그치고 아래는 고요하다. 그러므로 간이라 한 것이다. 그렇다면 '축지畜止'의 뜻과는 무엇이 다른가. '축지'는 억제하고 저지하는 뜻이니 힘으로 제지함이요, '간지艮止'는 그침을 편안히 여기는 뜻이니, 그 자리에 그치는 것이다."

『주역』에서 간괘 만큼 무한한 상상력과 영감을 불러일으키는 괘는 없다.『주역』을 애독했던 우리 조상들은 간괘의 가르침에 따라 자신들의 호에 '간' 혹은 '산'을 붙이는 멋진 전통을 만들었다. 위아래 모두

가 산이 겹친 모습을 본뜬 까닭에 중산간괘라 불린다. 앞의 중뇌진괘를 180° 뒤집어엎으면 간괘이다. 진괘가 움직임[動]을 얘기했다면, 간괘는 고요함[靜]을 말한다. 동정은 시간적으로나 공간적으로 떨어져 존재한 적이 없다. 움직임 가운데 고요함이 내재해 있고, 고요함 속에서 움직임이 싹터 이 세상은 둥글어간다. 이런 연유에서 중뇌진괘 다음에 동정動靜을 함께 언급하는 간괘가 뒤따르는 것이다.

진괘와 간괘의 형상은 정반대이다. 전자는 양효가 밑에서 최초로 생긴 형태인데 비해서, 후자는 양효가 가장 위로 올라가 그친(멈춘) 형상이다. 간괘는 땅[坤: ☷]에서 처음으로 생긴 양 에너지[震: ☳]가 높이 올라가 극한까지 도달한 산의 모습[艮: ☶]이다. 만물은 탄생된 이후로 요동치면서 팽창과 발전을 거듭한다. 그 과정이 끝나면 안정기에 돌입하는데, 간은 멈춤과 그침[止]을 뜻한다. 그러나 천지의 운동이 서서히 멈춘다면 이 세상은 카오스 상태로 돌입할 것이다. 『주역』은 간괘에 천지가 새롭게 움직여 재창조한다는 선후천의 이치를 숨겨 놓았다. 이것이 바로 주역의 독특한 이론인 종시론終始論이다.

종시론은 『주역』의 시간론인 동시에 우주론이며 역사철학과 문명론의 이론적 근거이기 때문에 간괘는 64괘 중에서 가장 중요하다고 할 수 있다. 간괘의 원리는 원문에 대한 이해도 중요하지만, 「설괘전」을 비롯한 여러 이론 또는 직간접적으로 연관된 내용들을 종합적으로 고찰할 때 비로소 『주역』의 전모가 밝혀질 수 있다.

'간'은 8괘의 하나이다. 주역은 건, 태, 이, 진, 손, 감, 간, 곤의 8괘로 우주의 기원과 생성 및 발전과정을 설명한다. 각각의 괘에는 그 특색

이 있다. 이들의 유기적 조합으로 64괘가 형성되며, 이들을 어떻게 풀이하느냐에 따라 별도의 학설이 성립되어『주역』의 다양성을 꽃피워 왔다. 64괘의 조합은 매우 질서있게 배열되어 있다. 그 질서를 어떤 방향으로 읽어가느냐에 의해 다양한 설명이 가능한 까닭에『주역』에 대한 정통성과 비정통성, 신비주의와 합리주의로 나뉜다.

복희팔괘에서 문왕팔괘로 이어져 왔다는 것이 주역학의 전통적 시각이다. 조선조 말기에 정역팔괘가 출현함으로써『주역』을 이해하는 방식이 이웃나라 중국과는 전혀 달라지게 되었다. 그것은 천지가 생, 장, 성이라는 과정을 거쳐 완수된다는 이론이다. 복희팔괘는 천지 탄생[生]의 단계, 문왕팔괘는 성장[長]의 단계, 정역팔괘는 완성[成]의 단계를 표상한다.『정역』은 천지에 대한 목적론적 성격을 한층 강화시키고, 그 구조와 과정을 설명하는 가운데 새로운 이념이 보강됨으로써 전통의 주역관을 뛰어넘는 논리를 갖추게 되었던 것이다. 복희팔괘는 태초에 우주가 생성되는 모습을, 문왕팔괘는 만물이 성장하는 모습을, 정역팔괘는 분열팽창에서 수렴통일의 과정을 거쳐 우주가 성숙하는 이치를 밝혔다.

복희팔괘와 문왕팔괘와 정역팔괘의 두드러진 차이점은 남북축과 동서축에서 찾을 수 있다. 복희팔괘의 남북축은 천지비天地否의 형상을, 정역팔괘의 남북축은 지천태地天泰의 형상을 취한다. '막힐 비否'는 입 구口 자 위에 아니 불不 자가 있다. 그 입을 꽉 막고 있는 모습이 바로 '천지비'다. 천은 양을, 지는 음을 상징한다. 양기운은 위로 올라가고 음기운은 아래로 내려가면, 음양은 더욱더 간격이 벌어져 조화를 이룰 수 없기 때문에 '천지비괘'에서 만물의 비정상적 진화를 엿볼 수 있다. 하지만 정역팔괘는 음기운은 아래로 내려오고 양기운은 위로 올라가 음양이 교접하여 정상적 조화를 이루는 형상을 띤다.

문왕팔괘는 남북축이 '감리'로, 동서축은 '진태'로 이루어져 있다. 물불을 상징하는 감리가 중심축을 이루는 체계는 만물이 성장 일변도로 나아감을 표상한다. 그리고 동서의 '진태'(장남과 소녀의 불균형한 배합)는 감리의 운동을 정상적으로 콘트롤할 수 있는 능력이 원초적으로 부재함을 반영한다. 이것이 바로 천지운행의 기우뚱한 모습이며, 그것을 표상하는 시스템이 바로 문왕팔괘이다. 하지만 정역팔괘에서는 지천태의 남북축이 중심이 되어 소남소녀의 간태가 동서에서 대응하는 방식을 취하고 있다. 특히 문왕팔괘와 정역팔괘의 배열을 비교하면, 문왕괘의 '진'이 '간'으로 바뀌면[震變爲艮] 정역괘가 된다. 즉 '간'이 어디에 자리잡는가에 따라 괘도의 전체 배열과 시스템이 전환되는 것을 알 수 있는 것이다.

소강절에 의해 '문왕괘도'라고 규정된 「설괘전」 5장에는 매우 의미심장한 내용이 담겨 있다. "(천지의 주재자인) 상제는 진에서 만물을 발동시키며('상제의 조화권이 진에서부터 나타나며'라는 해석도 가능하다), 손에서 가지런히 하고, 리에서 서로 보고, 곤에서 수고로우며, 태에서 기뻐하고, 건에서 싸우고, 감에서 위로하고, 간에서 말씀logos이 이루어진다. 간은 동북방의 괘이니, 만물이 완성되어 마치는 바이며 또한 만물이 이루어져 처음으로 시작되는 바이기 때문에 '말씀이 간에서 완성된다'라고 한 것이다."[74]

---

74 "帝出乎震, 齊乎巽, 相見乎離, 致役乎坤, 說言乎兌, 戰乎乾, 勞乎坎, 成言乎艮. 艮東北方之卦也, 萬物之所成終而所成始也, 故曰成言乎艮."

『시경』이나 『서경』에 자주 나타나는 천지의 궁극적 존재인 상제上帝, 제帝, 천제天帝 등의 용어가 괘의 형성원리에 등장함에 주목해야 한다. 상제(제, 천제)는 동양의 신관에서 말하는 조물주, 또는 인격적 주재자를 가리킨다. 특히 '말씀이 간에서 이루어진다[成言乎艮^{성언호간}]'는 말은 천지의 진리가 간방위에서 완성된다[75]는 혁명적인 명제인데, 이에 대해 과거의 학자들은 거의 주목하지 않았다. 그렇다면 이 구절의 본질적 의미는 무엇인가.

「설괘전」에 의하면, 문왕팔괘도는 '진'에서 시작하여 '간'에서 끝맺는다. '상제의 활동은 진에서부터 나타난다[帝出乎震^{제출호진}]'는 명제에서 상제의 주재권능은 '진'에 깃들어 있으므로 문왕팔괘도는 '진' 방위에서 출발함은 당연하다. 진의 방위에서 시작한 『주역』은 장남의 권위로 세상을 떨친다. 하지만 『정역』에서는 '3은 1과 5의 중앙이다[三^삼, 一五中^{일오중}.]'고 했다. 『정역』에서 말하는 열린 세계가 10의 세계(하도의 세계)라면, 문왕팔괘도의 3진三震은 그 절반인 5의 '중'에 지나지 않는다. 그만큼 상극질서(낙서)를 반영하는 문왕팔괘도는 좁고 답답하기 짝이 없는 닫혀진 세상이다. 이런 연유에서 『주역』은 열린 세상을 암시하는 64번 째의 화수미제괘火水未濟卦(6 + 4 = 10의 세계를 지향한다)로 끝맺어 『정역』의 출현을 예고하는 셈이다.

---

75 "'천지가 간방으로부터 시작되었다'하나 그것은 그릇된 말이요, 24방위에서 '한꺼번에'에 이루어진 것이니라."(『도전』 6:51:3) '천지가 간방으로부터 시작되었다'는 말은 선천개벽이 끝마치고 새로운 후천이 시작되는 곳이 바로 '간방'이라는 뜻이다. 선천개벽과 후천개벽을 구분해야 한다.

『정역』은 '8은 15의 중앙이다'[76]라고 하였다. '8간'은 선천의 3진과는 다르게, '십건오곤十乾五坤' 즉 '천지십오天地十五'의 중앙에 위치한다. '8간'은 후천의 시작점이 되어 물과 불[水火]이 순환반복함으로써 선천 '3진[震]'의 세계를 마감하고, 새롭게 열리는 무극대도의 세계로 줄달음친다. 따라서 문왕팔괘도에서 정역팔괘도로의 전환은 3진에서 8간으로의 진화라고 할 수 있다. '진변위간震變爲艮(문왕괘의 '진'의 위치가 정역괘의 '간'으로 전환)'하여 동서축의 간태가 화합하는 세계는 그 무대가 얼마나 광대무변한 것인가를 짐작하고도 남는다.

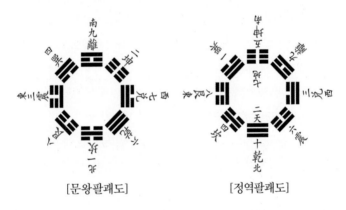

[문왕팔괘도]   [정역팔괘도]

이런 의미에서 선천의 '진震'이 그 방위조차 '천지 안의 세계[天地有形]' 즉 '인간의 이성 또는 지구중심'으로 설정한 반면에, 후천의 '간艮'은 '천지 바깥의 세계[天地無形]'까지 관통하는, 즉 '우주의

---

76 『정역』「십일일언(十一一言)」"十一歸體詩", "八, 十五中之中.", 『정역』「십일일언(十一一言)」"十一歸體詩", "八, 十五中之中."

중심'에 설정하여 천지질서와 인간본성의 근본적인 변화의 가능성을 제시했던 것이다. 김일부는 「대역서大易序」에서 "복희씨는 거칠게 괘를 그었고, 문왕은 교묘하게 괘를 그었으니, 하늘과 땅이 기울어진 지 2,800년이라"[77]고 하여 선천은 기우뚱한 상태로 발전하여 극도의 갈등현상이 빚어지는 세상임을 간접적으로 설명한 바 있다.

만물의 완성도를 표상하는 정역괘도에서 간은 8, 태는 3으로 수식화되어 있다. 형식적인 합(10 + 1)은 분명히 11이지만, 그 실질적 의미로는 11에서의 10은 무극, 1은 태극이다. 선천에서의 무극은 현상계의 배후에서 천지창조의 본원으로 자리잡아 태극으로 하여금 자신의 역할을 대신하게 했지만, 후천에서는 직접 전면에 등장하여 새로운 천지를 여는 창조적 조화의 본체로 작동한다. 김일부는 '십일귀체十一歸體'를 비롯한 다양한 논리를 개발하여 선천에서 후천으로의 전환 논리를 성공적으로 수립했다.[78]

『정역』에서 말하는 '십일귀체'는 결국 '십일성도十一成道'를 뜻한다. 굳이 구분한다면 십일귀체는 구체적인 결과적 변화를, 십일성도는 그 원리를 가리킨다고 하겠다. 김일부는 '십일성도'에 의한 우주의 공덕은 한량없이 크고 위대하다고 하여 후천의 이상세계를 탄복하였다. 이밖에도 '십일귀체'와 같은 의미로 쓴 것을 소개하면 '십일일언十一一

---

77 『정역』「대역서」, "夫子親筆吾己藏, 道通天地無形外. 伏羲粗畫文王巧, 天地傾危二千八百年."

78 『정역』상편「十五一言」의 짝인 「十一一言」의 결론은 "十一吟"에 있다. "십일음"에는 '금화교역'의 결과로 나타나는 11가지의 공덕을 찬양하고 있다. ① 十一歸體, ② 五八尊空, ③ 九二錯綜, ④ 火明金清, ⑤ 天地清明, ⑥ 日月光華, ⑦ 琉璃世界, ⑧ 上帝照臨, ⑨ 于于而而, ⑩ 正正方方, ⑪ 好好無量 등이 그것이다.

言(무극과 태극의 한마디 말씀, 무극과 태극이 하나로 합하는 말씀)', 무극과 태극이 하나로 합하는 이치와 그것이 구체화되는 광경에 감탄하여 읊은 시인 "십일귀체시"와 "십일음十一吟", '무극이태극십일無極而太極十一', '십일지덕이천도十一地德而天道' 등이 있다.

우리는 3과 8의 상수론의 성격에 주목할 필요가 있다. 11은 3과 8의 합인데, 3은 1과 5의 존재론적 '중中'이고, 8은 하도낙서의 센터에 있는 무극과 황극의 합수인 15의 '중中'이다. 또한 5운五運이 6기六氣로 변화해도 11이 되는 동일한 현상으로 나타난다. 선천의 5황극이 후천의 6황극으로 변해도 11이다. 이를 간략히 도표화하면 다음과 같다.

손度數	1	2	3	4	5	6	7	8	9	10
順 數	10	9	8	7	6	5	4	3	2	1
逆 數	1	2	3	4	5	6	7	8	9	10
上下合	11	11	11	11	11	11	11	11	11	11

'간'은 만물을 끝맺고 다시 시작하는 생명의 배꼽이다.[79] 새질서와 새생명이 열리는 '새마당'의 옴빠로스다. 그것은 생사의 교차로, 삶과 죽음의 정거장인 동시에 보금자리다. 왜냐하면 간은 나무의 뿌리인 동시에 열매이며, 생명을 지속시키는 불멸의 씨앗이기 때문이다. 이런 까닭에 정역은 8간에서 출발하여 7지七地로 끝맺는 것이다.

---

79 『주역』「설괘전」6장, "終萬物始萬物者莫盛乎艮, 故水火相逮, 雷風不相悖, 山澤通氣, 然後能變化, 旣成萬物也."

2. 간괘 : 간괘의 핵심은 시중時中의 정신

간 기 배　　불 획 기 신　　행 기 정　　불 견 기 인　　무 구
★ 艮其背면 不獲其身하며 行其庭하여도 不見其人하여 无咎리라

그 등에 그치면 그 몸을 얻지 못하며, 뜰을 걸어도 그 사람을 보지 못하여 허물이 없을 것이다.

'간'에 대해 「설괘전」은 다양한 의미로 풀이했다. '간'은 듬직한 몸무게로 멈추어 있는 산이요, 지름길[徑路]이요, 하나의 양이 땅[坤土] 위에 있는 형상인 작은 돌이요, 드나드는 큰 문[門闕]이요, 과일과 나무열매[果蓏]요, 궁중의 문을 지키는 혼시閽寺요, 손끝으로 물건을 잘 쥐어 머무르게 할 수 있는 손가락[指]이요, 개[狗]요, 쥐[鼠: 두 음이 아래에 엎드려 양을 보고 멈춘 모습]요, 부리가 단단한 검은 새인 검훼黔喙요, 나무로는 단단하고 마디가 많은 것을 본뜬 것이다.

산은 대지의 지붕이다. 산은 꿈쩍 하지 않는다. 산이 움직이지 않는 모습은 사람의 몸체로는 '등[背]'에 해당된다. 대체로 육체의 모든 기관들은 움직이는데 반해서 등은 고정된 채 멈춰 있다. 사람은 눈으로 직접 등을 볼 수 없다. 등은 상체를 버텨주면서도 자신의 역할을 생색내는 법이 없다. '등'은 손발이나 목처럼 관절이 없기 때문에 언제나 그칠(멈출) 만한 그 장소를 지킨다. 등이 없는 육체를 상상해보라. 끔찍하다.

'그 몸을 얻지 못한다[不獲其身]'는 말은 혼과 넋이 나간 육체는 있

---

80 정역사상의 창시자인 김일부는 간괘의 '문궐'을 금화교역이 이루어지는 '금화문金火門' 또는 '개벽문開闢門'의 뜻으로 새긴다.

어도 없는 것과 마찬가지라는 뜻이다. 고귀한 정신을 고스란히 담은 육신의 실체, 의식의 심층부에 자리잡은 그 본질[身]을 깨우치지 못했다는 의미이다. '등'은 몸의 일부분을 이루지만, 깨우침은 자신의 몫이다. 그렇다고 심신이원론의 관점에서 읽어서는 안 된다. 육체를 정신의 감옥 또는 불결한 고기덩어리로 간주하듯이 말이다.

인간은 항상 정면을 바라보면서 역동적으로 생활한다. 등짝은 오히려 정태적이다. 눈은 좋은 색을 선호하고, 입은 맛있는 음식을 선호하고, 귀는 아름다운 소리를 선호하지만 등짝은 감각과는 거리가 멀다. 등짝은 감각기능에 매몰되지 않는 가치중립의 몸통이다. 그것은 욕망의 굴레를 벗어나 '주관적 자아'를 초월한 상태를 뜻한다. 등짝은 육체를 잊고 욕망도 씻어냈음을 상징한다. 내부가 정화되면 외부의 유혹에 휘둘리지 않는다. 이는 등짝의 비유를 통해 욕망에 따라 인식하고 활동하지 말라는 것이다.

'그 몸을 얻지 못한다[不獲其身]'는 말은 개인이 진리의 눈을 싹 틔우는 단계라면, "뜰을 걸어도 그 사람을 보지 못하여 허물이 없다[行其庭, 不見其人, 无咎]"는 말은 진리를 바깥으로 옮겨야 한다는 당위성을 뜻한다. 전자가 잠에서 깨어나는 단계라면, 후자는 감각의 세계 즉 일상의 삶에서 깨어나라는 가르침이라고 할 수 있다. 그래서 유학자들은 간괘가 뜻하는 윤리의 소중함과 함께 『주역』의 주제는 마음학임을 알려주고 있는 것이다.

> ☞ 『주역』과 유교의 가르침은 간괘의 내용으로 집약할 수 있다.

3. 단전 : 시간의 본성에 부합하는 멈춤과 그침

* 象^단曰^왈 艮^간은 止也^{지야}니 時止則止^{시지즉지}하고 時行則行^{시행즉행}하여

動靜不失其時其道光明^{동정불실기시기도광명}이니 艮其背^{간기배}는 止其所也^{지기소야}일새라

上下敵應^{상하적응}하여 不相與也^{불상여야}일새

是以不獲其身行其庭不見其人无咎也^{시이불획기신행기정불견기인무구야}라

단전에 이르기를 간은 그침이니, 때가 그칠 만하면 그치고 때가 행할 만하면 행하여 움직이고 고요함에 그 때를 잃지 않아 그 도가 환하게 밝음이다. '그 등에 그침'은 그곳에 그치기 때문이다. 상하가 적응하여 서로 더불지 못하기 때문에 '그 몸을 얻지 못하며, 뜰을 걸어도 그 사람을 보지 못하여 허물이 없을 것이다.'

현대인들은 시간에 쫓겨 살면서 느림의 여유를 느낄 겨를 조차 없이 속도와의 싸움을 즐기고 있다. 느림과 빠름의 어정쩡한 절충주의는 간괘의 가르침과 어긋난다. 간괘는 오직 시간의 본성과 일치된 행위를 최고로 꼽는다. 시간은 지공무사至公無私하다. 이를테면 뜨락을 함께 거니는 동료에게도 사사로운 감정으로 편애하지 않는 행위는 시간의 정신과 부합한다. 한때는 불교에 심취했던 주렴계周濂溪(1017~1073)는 엄청난 부피를 자랑하는『법화경法華經』도 '간'이라는 글자 하나로 모두 풀 수 있다고 장담한 바 있다.[81]

81『주자전서周子全書』, 권18,「유사遺事」, "一部法華經, 只消一箇艮字可了."

성인은 간괘의 원리에 근거하여 교화를 베풀었다고 주렴계는 말했다. 그 요체는 곧 중도[中]이다. "성인이 가르침을 세워서 사람들로 하여금 스스로 악을 바꾸게 했으며, 스스로 중도에 이르러 그치게 하였다."[82] 중도는 두 얼굴을 갖는다. 이미 드러난 중도와 아직 드러나지 않은 중도가 바로 그것이다. 성리학에서는 이를 현상적 차원과 본질적 차원으로 구분한다. 전자에 따르면 어머니가 돌아가시면 펑펑 울고, 자식이 상장을 받으면 기뻐하는 것은 넘치거나 모자람이 없는 '시중'의 정신과 일치한다. 이때의 중은 조화[和]이다.

간괘는 중도와 시간을 결합시켜 설명한다. 여기에는 조건이 있다. 그것은 바로 '시중時中'이다. 멈추는 것이 옳으면 멈추고, 행동하는 것이 옳으면 행동해야 한다. 멈춰야 할 때는 나아가거나, 나아갈 때는 멈추는 것은 시간의 정신에 위배된다[不中]. 멈춤과 그침을 뜻하는 '지止' 위에 한 일一 자를 붙이면 옳을 정[中正]이다. 따라서 '시중'은 존재와 인식과 가치와 행위가 조화된 역동적 개념이라면, 중정은 정태적 개념인 것이다.

간괘는 '동정動靜'에 시간이라는 생명력을 불어넣는다. 만약 동정에 시간이 배제되면 물리적 운동에 지나지 않는다. 반대로 시간에 사람냄새가 물씬 담긴 행위가 배제되면 쇠로 만든 시계의 숫자판에 불과할 것이다. 『주역』의 시간은 항상 가치문제가 수반되기 때문에 '간괘의 원리가 현실에 밝게 빛난다[其道光明]'고 했던 것이다.

정이천은 『맹자』를 인용하여 공자의 행동거지 하나하나가 '시중'

---

82 『통서해通書解』권7, 「사師」, "故聖人入敎, 俾人自易其惡, 自至其中而止矣."

의 구현였다고 했다. "군자는 때(시간)를 귀중하게 여기니, 중니의 '행지구속行止久速'이 그것이다. 간의 실체는 독실하여 광명한 뜻이 있다."[83] 맹자는 공자를 백이, 이윤, 유하혜와 차별화하면서 공자는 시간의 정신[時中]을 꿰뚫은 성인이라고 칭송했다. "속히 떠날 만하면 떠나고, 오래 머물 만하면 오래 머물며, (관직에서) 물러날 만하면 물러나고, 벼슬할 만하면 벼슬한 것은 공자이시다. … 공자는 때를 알아서 알맞게 해 나가셨던 분이다. 그래서 공자를 집대성한 분이라 부르는 것이다."[84]

간괘의 핵심은 '시중時中'에 있다. 청나라의 혜동惠棟(1696~1758)은 '시중'의 위대성을 다음과 같이 말한다. "역은 참으로 심오하다. 그러나 한마디로 말하면 시중時中이다. 「단전」에 '時'에 대하여 말한 곳은 24괘, '中'에 대하여 말한 곳은 35괘이며, 「상전」에서 '時'에 대하여 말한 곳은 6괘, '中'에 대하여 말한 곳은 36괘이다. 時에 대하여 말한 곳에서 … 時行, 대체로 待時, 時變, 時用, 時義, 時發, 時舍, 時極이라 했고, 中에 대하여 말한 곳에서는 中正, 正中, 大中, 中道, 中行, 行中, 剛中, 柔中이라 하였다. 또 蒙卦에서는 時中하라고 했다."[85]

자사子思는 『중용』에서 공자의 학문의 결론은 '군자와 시중[君子而時中]'이라고 밝혔고, 맹자 또한 공자를 '시간의 정신을 꿰뚫은 성인[聖之時者]'이라고 극찬하였다. 동양의 중中 사상이 요순에서

---

83 『역정전』, "君子所貴乎時, 仲尼行止久速是也. 艮體篤實, 有光明之義."

84 『맹자』 「만장」 하, "可以速而速, 可以久而久, 可以處而處, 可以仕而仕, 孔子也. … 孔子, 聖之時者也. 孔子之謂集大成."

85 곽신환, 『주역의 이해』(서울: 서광사, 1990), 260쪽 재인용.

시작되었다면, 이러한 '중'의 '시간적인 적합성[時中]'의 뜻은 공자에 의해 처음으로 밝혀졌다. '시중時中'은 『주역』의 근간이다. 예컨대 산지박괘山地剝卦 「단전」은 '군자는 줄고 불고 차고 비는 하늘의 운행을 숭상한다[君子尙消息盈虛天行也군자상소식영허천행야]'라 했고, 뇌화풍괘雷火豐卦 「단전」은 '천지가 차고 비는 운동은 시간과 더불어 줄고 부는데, 하물며 인간이며 하물며 귀신이라![天地盈虛천지영허, 與時消息여시소식, 而況於人乎이황어인호, 況於鬼神乎황어귀신호]'라고 말했다. 이는 '시중時中'의 구체적인 표현이다.

상수학에서는 특정한 시점(시간)과 특정한 공간이 만나는 특이점을 '궁宮'으로 표현했다. 궁은 갓머리 '宀' 지붕 아래 천간[口]과 지지[口]가 하나로 결합된 모습을 본뜬 글자다. 그것은 인간의 의지로 바꿀 수 없는 자연의 이치이기 때문에 '시중'의 범주 안으로 들어올 수 없다. 하지만 천간과 지지의 조합으로 만들어진 특정한 시공, 예컨대 '갑자'라든가 '임진'이라는 날짜에 농사 시기를 결정하거나 혼인날을 택일하는 방법 등의 사회적인 시간으로 발전하기에 이른다.[86]

간괘는 상하 모두가 산(☶)이다. 초효와 4효, 2효와 5효는 음끼리 상대하고, 3효와 상효는 양끼리 상대하는 적대적 관계[敵應적응]이다. 음양이 교감하지 못하기 때문에 왕성한 활동을 기대할 수 없다[不上與也불상여야]. 그것은 주관적 판단과 억측에 사로잡혀 진정한 자아 혹은 주체성을 확보할 수 없다[不獲其身불획기신]는 것을 가리킨다. 더욱이 밖으로는

---

86 이창익, 『조선후기 역서의 우주론적 복합성에 대한 연구』(서울대 박사논문, 2005), 11쪽. "역서曆書는 인간적인 시간, 우주적인 시간, 사회적인 시간 등의 이종의 시간들이 조우하고 교차하여 형성되는 조합적인 시간, 혹은 종합적인 시간을 표현한다." 그것은 인간화된 시간, 즉 사회화된 시간을 뜻한다.

타인의 마음을 읽을 수 없을 뿐만 아니라 심지어 교류도 불가능하다. 그러나 지켜야 할 것은 반드시 지키기 때문에 허물이 생기지 않는다는 뜻이다.

> ☞ '시중'이 존재와 인식과 가치와 행위가 조화된 역동적 개념이라면, '중정'은 정태적 개념이다.

4. 상전 : 하늘의 뜻을 실천하려는 노력은 군자의 의무

* 象曰 兼山^{상 왈 겸 산}이 艮^간이니 君子以^{군 자 이}하여 思不出其位^{사 불 출 기 위}하나니라

상전에 이르기를 산이 연이어 있는 것이 간이다. 군자는 이를 본받아 생각이 그 위치에서 벗어나지 아니한다.

'겸산兼山'은 두 개의 산이 나란히 있다는 뜻이다. 괘의 위 아래 산[艮: ☶]이 겹쳐 있어 매우 안정된 모양을 이루어 그칠(멈출) 자리에 그친 형상이다. 산은 항상 그 자리에서 움직이지 않고 우뚝 솟아 있다. 산은 타인의 영역을 침범하지 않고 자신의 공간을 말없이 지킨다.

간괘 「상전」의 핵심은 '생각[思]'과 '지위[位]'에 있다. 여기서 말하는 지위는 단순한 벼슬 따위에 한정되지 않는다. 시간이 '중中'을 얻어야 하는 것처럼, 군자 역시 올바른 자리[正位]를 얻어야 마땅하다. '성인의 큰 보물은 지위'[87]라는 의미에서 보면, 시간과 대응하는 지위

---

87 『주역』 「계사전」하 1장, "聖人之大寶曰位."

는 하늘이 부여한 선험적인 명령[命]이다. 군자는 하늘이 부여한 자신의 위상을 사무치게 새겨야 한다. 여기서 벗어난 일체의 사특한 생각은 올바르지 않다.

'위位'는 곧 역사적 사명과 결부된 일종의 분수이다. 분수에 넘치거나 모자라는 행위는 역사에 죄를 짓는 일이다. "지위가 없음을 근심하지 말고, 지위에 설 만한 자질을 갖출 것을 근심해야 한다. 자기를 알아주지 않음을 근심하지 말고, 알아줄 만한 자질을 갖추기에 힘써야 한다."[88] 때와 지위는 하늘의 일이지만, 이를 깨닫고 실천하려는 덕성은 군자의 책무인 것이다.

> ☞ 군자는 천명을 역사적 사명으로 사무치게 새겨야 한다.

5. 초효 : 군자여! 앉으나 서나 올바름으로 무장하라

★ 初六은 艮其趾라 无咎하니 利永貞하니라

象曰 艮其趾는 未失正也라

초육은 발꿈치에 그침이다. 허물이 없으니 오래도록 올바르게 함이 이롭다. 상전에 이르기를 '발꿈치에 그침'은 올바름을 잃지 않음이다.

초효는 사람의 발로 비유할 수 있다. 사람이 움직이려면 우선 먼저

---

88 『논어』 「이인편」, "不患無位, 患所以立, 不患莫己知, 求爲可知也."

발을 떼야 한다. 발걸음을 옮기려 해도 아직은 힘이 미약하다. '발에서부터 그친다'는 말은 움직이지 않아야 좋다는 것을 알고 애당초 움직이지 않는 것을 뜻한다.

초효는 음의 실체로서 양의 위치에 있으므로 부적합하다[不正]. 부적합하다는 사실을 깨닫는 자체로도 큰 허물은 없다. 그렇다고 허물없다는 것을 자랑삼아서는 안 된다. 진정으로 정도를 꾸준히 지켜야 제구실을 할 수 있다.

> ☞ 올바름[正道]은 인간 삶의 목표인 동시에 과정이다.

6. 2효 : 군자는 진리가 펼쳐지지 않는 것을 근심해야

* 六二는 艮其腓니 不拯其隨라 其心不快로다

象曰 不拯其隨는 未退聽也일새라

육이는 장딴지에 그침이다. 구원하지 못하고 따라가니 마음이 상쾌하지 않다. 상전에 이르기를 '구원하지 못하고 따름'은 물러나 듣지 않기 때문이다.

'비腓'는 장딴지, '증拯'은 건지다 또는 구원하다는 글자다. 2효는 비록 음이 음자리에 있으나[正], 위로는 5효 음과 감응하지 못하여 힘쓸 수 없다. 그것은 장딴지의 역할과 흡사하다. 장딴지는 스스로 움직이지 못한다. 다만 허리 밑에 있는 넓적다리가 움직이는 대로 움직일 따름이다. 장딴지는 자율성이 없는 까닭에 하괘의 주인공인 3효의 움직임에 수동적으로 따라갈 수밖에 없다는 뜻이다.

2효는 모든 조건을 갖춘 중정이다. 아쉽게도 스스로는 유약한데다가 주변의 여건이 여의치 않다. 허리가 움직이면 장딴지는 싫은 내색도 못한다. 3효를 구제하지도 못하고 오히려 막무가내 3효를 따라야만 하는 운명이다. 허리 움직임에 무조건 따르는 것이 썩 내키지 않아 마음은 불쾌할 뿐이다.

허리는 장딴지의 속셈을 모른다. 장딴지는 중정의 덕을 갖추었으나, 허리의 움직임에 피동적으로 따라간다. 장딴지로서는 속수무책이다. 허리는 장딴지의 충언을 무시한다. 오히려 한 걸음 물러나 귀를 틀어막고 아예 듣지 않는다[未退聽也]. 그것은 육신에 대한 걱정이 아니라, 진리[道]가 펼쳐지지 않았기 때문에 생기는 근심을 묘사한 것이다.

> ☞ 군자가 되는 요건은 육신의 안위보다는 천지의 일을 통찰하고 체험하는 것에 있다.

7. 3효 : 다양한 의견을 조정하는 지혜를 배워야

구 삼　　간 기 한　　열 기 인　　여 훈 심
★ 九三은 **艮其限**이라 **列其夤**이니 **厲薰心**이로다

상 왈　　간 기 한　　위 훈 심 야
象曰 艮其限이라 **危薰心也**라

구삼은 허리에 그침이다. 등살을 벌리니 위태로워 마음이 찌는 듯
하다. 상전에 이르기를 '허리에 그침이다.' 위험하여 '찌는 듯하다.'

'한限'은 상체와 하체를 유연하게 연결하는 허리를 뜻하고, '열列'은
벌릴 또는 끊을 열裂과 같은 뜻이다. '인夤'은 등뼈 좌우에 붙은 근육
과 살을 의미하며, '훈薰'은 연기로 그슬리거나 찌다는 뜻이다. 상효
가 간괘의 주인공이라면, 3효는 작은 주인공으로서 상괘와 하괘를 소
통시키는 연결고리다.

3효는 양이 양자리에 있으나[正], 힘이 지나쳐 한쪽으로 기울어진
모양새다. 게다가 중용도 아니다. 엄연히 산의 황제(상효)가 존재함에
도 불구하고 황태자(3효)가 너무 날뛰는 형세다. 3효 양 하나가 음효
들을 중앙에서 가로막고 있다. 3효는 아래의 두 음과 위 두 음을 끊어
그 사이를 더 벌림으로써 소통을 방해하는 꼴이다. 상하를 잘 조정하
는 구심점이 되어야 하는데도 불구하고 역효과를 빚어내는 것과 흡
사하다. 3효는 음양의 갈등을 부추겨 등살이 좌우로 벌어지는 양상으
로 표현했다.

축구에서 중원의 마술사로 불리는 미들필더의 역할은 막중하다.
그는 공수의 속도를 조절하면서 공격진과 수비진을 이끈다. 미들필더

는 공격과 수비를 부드럽게 조화시켜 힘의 균형을 극대화시키는 임무를 맡는다. 하지만 단독 플레이로 아군의 분열을 조장하여 팀을 패배로 몰아간다면 미들필더(허리)는 있으나마나 할 것이다. 3효는 중간자만이 가지는 친화력[中和]의 중요성을 망각하여 생기는, 즉 허리가 제 구실을 못하여 일어나는 폐단을 지적하였다.

> ☞ 트러블 메이커에서 트러블 코디네이터로.

8. 4효 : 몸과 마음은 둘이 아니다

★ 六四는 艮其身이니 无咎니라

象曰 艮其身은 止諸躬也라

육사는 몸(상반신)에 그침이니 허물이 없다. 상전에 이르기를 '상반신에 그침'은 그 몸에 그침이다.

'신身'은 허리 위의 몸통을 가리키고, '저諸'는 어디에[之於]라는 조사로서 '저'로 읽어야 한다. 4효는 음이 음자리 있으면서 정도를 지킨다[正]. 이미 친화력을 상실한 단계를 넘어섰기 때문에 그칠 곳을 알아서 그치므로 허물이 생기지 않는다. 비록 자신이 처한 위치는 적당하지만, 4효는 성품이 유약한 신하에 비견된다. 신하는 모름지기 군주의 잘잘못을 지적하여 천하의 안녕을 도모해야 하는데, 우유부단한 성격에 때문에 몸을 아껴서 제자리만을 고수한다.

4효는 허리를 지나 가슴 부위의 심장을 가리킨다. 심장은 몸의 엔진이다. 불규칙하게 움직이는 엔진은 쓸모없다. 엔진이 움직일 때는 소음이 일어난다. 약한 동력의 엔진은 안정적일 수는 있으나, 막강한 힘을 발휘할 수 없다. 안정만을 추구하는 신하는 개인적 허물은 없을지언정 사회적으로는 도움이 안 된다는 뜻이다.

한의학에서는 마음이 머무는 자리를 심장心臟이라 한다. 심장에서 나온 마음이 육체를 주재하여 몸을 움직이게 만든다. 몸을 움직이는 마음이 바로 '간'의 마음이다. "'신身'은 몸이 펴있는 형태로 그쳐 있음을 말한 것이고, '지저궁야止諸躬也'는 몸을 구부려 엎드려 있는 형태로 그쳐 있음을 말한 것이다. 따라서 4효는 굴신屈伸하면서 그쳐 있음을 뜻한다. '함咸'의 마음자리가 '간'의 몸자리다. 함은 감응인 까닭에 마음을 주로 하고, '간'은 반신半身인 까닭에 몸을 주로 했을 뿐이다."[89] 몸과 마음은 둘이 아니라 심신일원心身一元으로 작용한다. 몸과 마음은 별개의 존재가 아니다. 몸이 가면 마음도 따라가고, 마음이 그치면 몸 역시 그친다. 여기서 몸과 마음이 소통하는 조화의 경계를 발견할 수 있다.

☞ 몸과 마음을 소통하는 조화의 경계에 들어서야

---

89 이정호, 『주역정의』(서울: 아세아문화사, 1980), 113-115쪽 참조.

9. 5효 : 중용으로 부정함을 고치고 조화하라

★ 六五는 艮其輔라 言有序니 悔亡하리라

象曰 艮其輔는 以中으로 正也라

육오는 볼에 그침이다. 말에는 질서가 있으니 후회가 없을 것이다. 상전에 이르기를 '볼에 그침'은 중도로써 올바르게 함이다.

5효는 음이 양자리에 있으나[不正], 상괘의 중용을 얻었다. 얼굴 두 볼(뺨) 한가운데 입이 있다. 입으로 말할 때는 볼이 저절로 움직인다. 볼에서 그친다[艮其輔]는 것은 입에서 그친다는 말과 같다. 입에서 그친다는 것은 말을 함부로 내뱉어서는 안 된다는 뜻이다. 그렇다고 꿀먹은 벙어리처럼 침묵으로 일관하는 것은 자포자기의 행위다.

입은 언어의 도구이다. 말해야 할 때는 말하고, 말하지 말아야 할 때 말해서는 안 된다. 말할 때는 말하지 않고, 말해서 안 될 때 말하는 것은 올바른 태도가 아니다. 말을 할 경우는 일단 조리있게 해야 한다. 그렇지 않으면 말로 인한 재앙이 뒤따른다.『명심보감明心寶鑑』에 몸과 말에 관한 유익한 얘기가 있다.

"입과 혀는 화와 근심을 불러들이는 문이고 몸을 망치는 도끼와 같다. 사람을 이롭게 하는 말은 솜처럼 따뜻하고, 사람을 해치는 말은 가시처럼 날카로우니, 사람을 이롭게 하는 한마디 말은 천금같이 무겁고, 사람을 해치는 한마디 말은 칼로 베는 것같이 아프다. 입은 사람을 다치게 하는 도끼이고, 말은 혀를 끊는 칼과 같으니, 입을 다물고 혀를 깊이 감추면 몸이 어디에서나 편안하다."

"말이 이치에 맞지 않으면 차라리 말을 하지 않는 것만 못하다. 한마디 말이 이치에 맞지 않으면 많은 말을 해도 소용이 없다."[90]

언어의 사용은 극도로 자제해야 옳다. 앞뒤를 가리고, 경중을 따져서 법도에 알맞게 말하면 괜찮다. 5효는 음이 양자리에 있기 때문에 정도가 아니지만[不正^{부정}], 상괘의 중용을 얻고 있다. 중도로써 부정함을 고치고 조화하라[以中^{이중}, 正也^{정야}]는 뜻이다. 중화中和의 품성 덕분으로 실언하지 않는 까닭에 뉘우치는 일이 생길 리 만무하다.

☞ 언어는 중용의 품성에 입각해서 사용되어야 마땅하다.

10. 상효 : 멈춤은 천지를 꿰뚫는 보편 원리

* 上九^{상구}는 敦艮^{돈간}이니 吉^길하니라

象曰^{상왈} 敦艮之吉^{돈간지길}은 以厚終也^{이후종야}일새라

상구는 돈독하게 그침이니 길하다. 상전에 이르기를 '돈독하게 그쳐 길함'은 두터움으로 마치기 때문이다.

상효는 양이 음자리 있고[不正^{부정}] 상괘의 중용을 지나쳤다. 64괘 상효의 대부분은 좋지 않는 상황을 말했으나, 간괘의 미덕은 그침 또는

---

90 『명심보감』 「언어편言語篇」, "口舌者, 禍患之門, 滅身之斧也. 利人之言, 煖如綿絮, 傷人之言, 利如荊棘, 一言半句, 重値千金, 一語傷人, 痛如刀割. 口是傷人斧, 言是割舌刀, 閉口深藏舌, 安身處處牢." "言不中理, 不如不言. 一言不中, 千語無用."

멈춤이기 때문에 상효는 돈독하게 그쳐서 하나도 나무랄 바가 없다.

『주역』에서 돈독하다[敦]는 글자가 나오는 곳은 두 군데가 더 있다. 하나는 지택임괘地澤臨卦(䷒) 상효의 '돈독하게 임한다[敦臨]'는 것이고, 다른 하나는 지뢰복괘地雷復卦(䷗) 5효의 '돈독하게 회복함[敦復]'이 그것이다. 시간적 입장에서 그칠 때는 그치고 행할 때는 행하는 행위가 바로 '돈간'이다.[91]

『주역』과 『정역』을 평생 연구한 이정호는 함괘咸卦와 간괘艮卦의 공통점을 도표로 시각화했다.[92]

澤山咸 ䷞上 ䷞下	重山艮 ䷳上 ䷳下
上六, 咸其輔頰舌(볼, 뺨, 혀)	上九, 敦艮(종합, 통합)
九五, 咸其脢(등)	六五, 艮其輔(볼)
九四, 憧憧往來朋從爾思(마음)	六四, 艮其身(마음)
九三, 咸其股(넓적다리)	九三, 艮其限(허리)
六二, 咸其腓(장딴지)	六二, 艮其腓(장딴지)
初六, 咸其拇(엄지발가락)	初六, 艮其趾(발꿈치)

간괘에는 초효로부터 상효에 이르기까지 '그침[艮]'이라는 글자가 여섯 군데 있다. 그것은 유교의 학문방법론과 인식의 문제를 다룬 『대

---

91 간괘 상효가 양에서 음으로 변하면 지산겸괘地山謙卦(䷠)가 형성된다. 겸괘의 주인공[主爻]은 3효이다. 스스로를 낮추는 겸손의 미덕으로 그치면 길하다. "구삼은 수고로우면서도 겸손함이니, 군자가 (종신토록) 마침이 있으니 길하다.[九三, 勞謙, 君子有終, 吉.]" 간괘 상효와 겸괘 3효는 공통적으로 마칠 종終으로 매듭짓고 있다.

92 이정호, 앞의 책, 114쪽 참조.

학大學』의 요지에 반영된다. 여기서 눈여겨봐야 할 것은『대학』 삼강령三綱領의 첫구절이 머묾(그침, 멈춤: 止^{지})으로 시작한다는 점이다. "대학의 도리는 밝은 덕을 밝히는데 있으며, 백성을 친하게 여기는데 있으며, 지극한 선에 머무름(그침)에 있다. 그침을 안 뒤에 정함이 있나니, 정한 뒤에 고요할 수 있고, 고요한 뒤에 편안할 수 있고, 편안한 뒤에 사유할 수 있고, 사유한 뒤에 얻을 수 있다."[93]

조선의 화담花潭 서경덕徐敬德(1489~1546)은 간괘의 원리와『대학』을 결합하여 자연철학을 활짝 꽃피웠다. 그는 "군자가 배움을 귀하게 여김은 머무름을 알기 위해서다"라고 했다.[94] 서경덕이 말하는 '머무름[止^{지}]'은 "모든 우주적 존재질서의 기본적 바탕이다. 인간존재의 사회적 질서도 이 자연적 존재의 머무름의 성실한 표현에 지나지 않는다. 일물일사一物一事에도 성실하고 공경하는 마음으로 접하고 응하려는 주일무적主一無適의 자기수련이다."[95]

> ☞ 간괘는 인간 삶의 표본을 자연의 지평 위에 설정하고 있다.

93『대학』, "大學之道, 在明明德, 在親民, 在止於至善. 知止而後有定, 定而後能靜, 靜而後能安, 安而後能慮, 慮而後能得."
94『화담집花潭集』「송심교수서送沈敎授序」, "君子之所貴乎學, 以其可以知止也."
95 김형효,「화담 서경덕의 자연철학에 대하여」『동서철학에 대한 주체적 기록』(서울: 고려원, 1985), 79-86쪽 참조.

11. 주역에서 정역으로

정역사상의 연구자 이상룡李象龍은 간괘의 성격을 다음과 같이 설명한다.

<ruby>艮<rt>간</rt></ruby><ruby>은<rt></rt></ruby> <ruby>在<rt>재</rt></ruby><ruby>文<rt>문</rt></ruby><ruby>從<rt>종</rt></ruby><ruby>坤<rt>곤</rt></ruby><ruby>從<rt>종</rt></ruby><ruby>止<rt>지</rt></ruby>라 <ruby>止<rt>지</rt></ruby>는 <ruby>山<rt>산</rt></ruby><ruby>也<rt>야</rt></ruby>요 <ruby>坤<rt>곤</rt></ruby>은 <ruby>土<rt>토</rt></ruby><ruby>也<rt>야</rt></ruby>라

<ruby>故<rt>고</rt></ruby><ruby>其<rt>기</rt></ruby><ruby>象<rt>상</rt></ruby><ruby>爲<rt>위</rt></ruby><ruby>山<rt>산</rt></ruby><ruby>字<rt>자</rt></ruby><ruby>與<rt>여</rt></ruby><ruby>文<rt>문</rt></ruby><ruby>倂<rt>병</rt></ruby>일새 <ruby>取<rt>취</rt></ruby><ruby>坤<rt>곤</rt></ruby><ruby>土<rt>토</rt></ruby><ruby>而<rt>이</rt></ruby><ruby>隆<rt>융</rt></ruby><ruby>其<rt>기</rt></ruby><ruby>上<rt>상</rt></ruby><ruby>也<rt>야</rt></ruby>요

<ruby>又<rt>우</rt></ruby><ruby>上<rt>상</rt></ruby><ruby>下<rt>하</rt></ruby><ruby>皆<rt>개</rt></ruby><ruby>山<rt>산</rt></ruby>이 <ruby>象<rt>상</rt></ruby><ruby>天<rt>천</rt></ruby><ruby>開<rt>개</rt></ruby><ruby>之<rt>지</rt></ruby><ruby>山<rt>산</rt></ruby>이니 <ruby>已<rt>이</rt></ruby><ruby>崧<rt>숭</rt></ruby><ruby>而<rt>이</rt></ruby><ruby>在<rt>재</rt></ruby><ruby>上<rt>상</rt></ruby>하고

<ruby>地<rt>지</rt></ruby><ruby>闢<rt>벽</rt></ruby><ruby>之<rt>지</rt></ruby><ruby>山<rt>산</rt></ruby>은 <ruby>湧<rt>용</rt></ruby><ruby>出<rt>출</rt></ruby><ruby>而<rt>이</rt></ruby><ruby>止<rt>지</rt></ruby><ruby>下<rt>하</rt></ruby>라 <ruby>是<rt>시</rt></ruby><ruby>固<rt>고</rt></ruby><ruby>道<rt>도</rt></ruby><ruby>統<rt>통</rt></ruby><ruby>之<rt>지</rt></ruby><ruby>終<rt>종</rt></ruby><ruby>始<rt>시</rt></ruby>와

<ruby>萬<rt>만</rt></ruby><ruby>物<rt>물</rt></ruby><ruby>之<rt>지</rt></ruby><ruby>生<rt>생</rt></ruby><ruby>成<rt>성</rt></ruby><ruby>之<rt>지</rt></ruby><ruby>正<rt>정</rt></ruby><ruby>方<rt>방</rt></ruby><ruby>也<rt>야</rt></ruby>니 <ruby>而<rt>이</rt></ruby><ruby>天<rt>천</rt></ruby><ruby>下<rt>하</rt></ruby><ruby>井<rt>정</rt></ruby><ruby>井<rt>정</rt></ruby><ruby>之<rt>지</rt></ruby><ruby>道<rt>도</rt></ruby>는

<ruby>由<rt>유</rt></ruby><ruby>艮<rt>간</rt></ruby><ruby>始<rt>시</rt></ruby><ruby>之<rt>지</rt></ruby>라 <ruby>艮<rt>간</rt></ruby><ruby>所<rt>소</rt></ruby><ruby>以<rt>이</rt></ruby><ruby>次<rt>차</rt></ruby><ruby>井<rt>정</rt></ruby><ruby>也<rt>야</rt></ruby>라

'간'은 문자로는 땅 곤坤과 머물, 멈출 지止에서 왔다. 지는 산이고 곤은 토이기 때문에 그 모습이 산 자와 글이 똑같이 곤토坤土를 취하여 그 위를 융성하게 만들었다. 또한 상하 모두가 산이다. 하늘이 열린 산에 이미 우뚝 솟은 산이 위에 있으며, 땅이 열린 산은 샘솟듯 솟은 아래에 멈추어 있는 형상이다. 이것은 도통道統의 끝과 시작이요 만물이 생성하는 올바른 방위인 동시에 천하의 올바른 우물의 도리는 간괘로부터 비롯되는 것이다. 간괘가 정괘 다음이 된 까닭이다.

<ruby>象<rt>단</rt></ruby><ruby>曰<rt>왈</rt></ruby> <ruby>艮<rt>간</rt></ruby><ruby>其<rt>기</rt></ruby><ruby>背<rt>배</rt></ruby>면 <ruby>不<rt>불</rt></ruby><ruby>獲<rt>획</rt></ruby><ruby>其<rt>기</rt></ruby><ruby>身<rt>신</rt></ruby>은

산 기 서 북　미 견 전 체 야
山起西北하여 **未見全體也**요

행 기 정　불 견 기 인　무 구
行其庭하여도 **不見其人**하여 **无咎**리라는

가 천 하 이 화 외 이 야
家天下而化外夷也라

*「단전」 - "그 등에 그치면 그 몸을 얻지 못한다"는 것은 산이 서북쪽에서 일어나 전체를 볼 수 없다는 것이요, "뜰을 걸어도 그 사람을 보지 못하여 허물이 없을 것이다"라는 말은 가정과 천하가 오랑캐로 변한다는 뜻이다.

상 왈　군 자 이　사 불 출 기 위
象曰 君子以하야 **思不出其位**하나니라는

광 천 하 지 사 려 야
廣天下之思慮也라

*「상전」 - "군자는 이를 본받아 생각이 그 위치에서 벗어나지 아니한다"는 것은 천하가 넓어지기를 생각하는 근심이다.

초 육　간 기 지　무 구　이 영 정
初六은 **艮其趾**라 **无咎**하니 **利永貞**하니라는

조 판 이 지 하　한 기 수 석 야
肇判而止下로 **限其水汐也**라

* 초효 - ""초육은 발꿈치에 그침이다. 허물이 없으니 오래도록 올바르게 함이 이롭다"는 것은 천하가 넓어지기를 생각하는 근심이다.

육 이　간 기 비　지 위 중 악 야
六二는 **艮其腓**라는 **止爲中岳也**요

부 중 기 수　　　기 심 불 쾌
不拯其隨라 **其心不快**로다는

도 산 초 재　　　부 득 수 출　　　소 이 불 락 야
導山初載이나 **不得隨出**이니 **所以不樂也**라

* 2효 – '장딴지에 그침'은 중악中岳이 된 것이요, "구원하지 못하고 따라가니 마음이 상쾌하지 않다"는 것은 산을 이끌어 처음으로 실기 때문에 따르지 못하고 나오는 것이므로 즐겁지 않다는 뜻이다.

구 삼　　　간 기 한　　　열 기 인　　　여 훈 심
九三은 **艮其限**이라 **列其夤**이니 **厲薰心**이로다는

수 설 산 치　　　절 기 한　　　인　　늠 율 야
水泄山峙하여 **絶其限**이요 **夤**은 **凜慄也**라

* 3효 – "허리에 그침이다. 등살을 벌리니 위태로워 마음이 찌는 듯하다"는 것은 물이 산언덕으로 새어 산 중간이 끊어진다는 것이요, 인夤은 두려워한다는 뜻이다.

육 사　　　간 기 신　　　무 구　　　전 피 치 간 야
六四는 **艮其身**이니 **无咎**니라는 **田彼菑墾也**라

* 4효 – "몸에 그침이니 허물이 없다"는 것은 저 묵정밭을 개간한다는 뜻이다.

육 오　　　간 기 보　　　언 유 서
六五는 **艮其輔**라 **言有序**니는

생 차 간 국 시　　　연 후 어 지 야
生此艮國時하고 **然后語之也**라

* 5효 –"볼에 그침이다. 말에는 질서가 있다"는 것은 이 간방의
　　　　　　　　　　　　　간 국
나라[艮國]가 된 후에 말하라는 뜻이다.

^{상 구} ^{돈 간} ^길
上九는 敦艮이니 吉하니라는

^{돈 후 영 종} ^{칠 소 팔 대 야}
敦厚永終이 七小八大也일새라

＊ 상효 – "돈독하게 그침이니 길하다"는 것은 두텁게 오래도록
마치므로 7은 작고 8은 크다는 뜻이다.

찾아보기